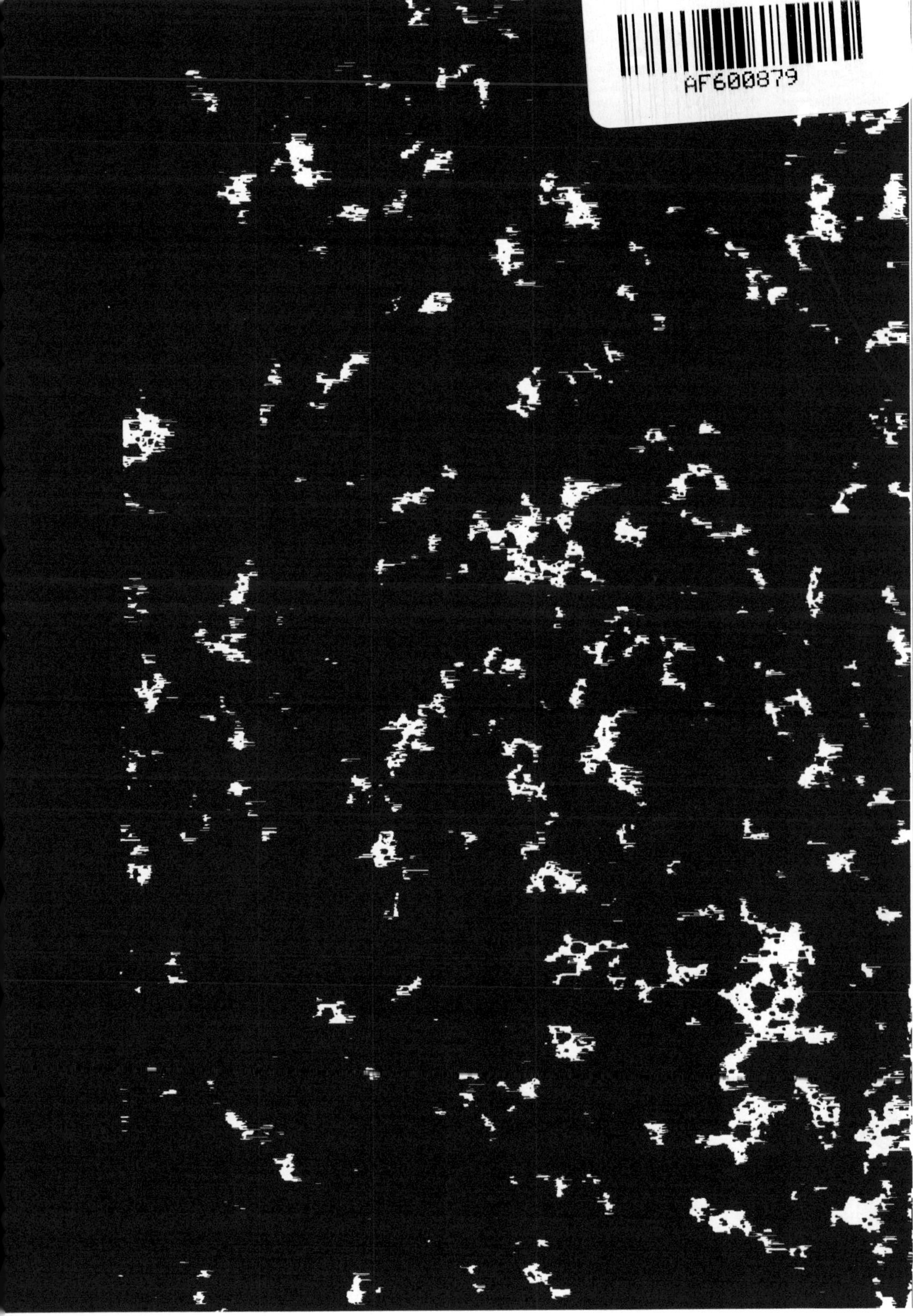

LE

GÉNÉRAL PRIM

LE SÉNAT, LES CORTÉS

ET LA PRESSE ESPAGNOLE

DANS LA QUESTION DU MEXIQUE

PARIS
E. DENTU, LIBRAIRE-ÉDITEUR
PALAIS-ROYAL, 13 ET 17, GALERIE D'ORLÉANS

1863

TABLE DES MATIÈRES

Opinion des journaux espagnols sur le discours du général Prim.

LE

GÉNÉRAL PRIM

JUGÉ PAR

LE SÉNAT, LES CORTÈS

ET LA PRESSE ESPAGNOLE

DANS LA QUESTION DU MEXIQUE

I

DISCUSSION AU SÉNAT SUR LES DIFFÉRENDS AVEC LE MEXIQUE

1858

Je prie le Sénat de vouloir bien admettre l'amendement suivant au paragraphe relatif à la question du Mexique :

Le Sénat a vu avec peine que les différends avec le Mexique subsistent encore. Ces différends, Madame, auraient pu avoir une solution pacifique si le gouvernement de Votre Majesté eût été animé d'un esprit plus conciliateur et plus juste. Le Sénat comprend que la source de ces dissensions est peu honorable pour la nation espagnole, et par cela même il voit avec peine les préparatifs de guerre que fait votre gouvernement; car la force des armes ne peut nous donner la raison que nous n'avons pas.

Palais du Sénat, le 13 décembre 1858.

Le comte DE REUS.

La mission que je me propose, messieurs les Sénateurs, est hautement patriotique; car elle a pour but de faire éviter à l'Espagne une grande injustice envers le Mexique. Souvenez-vous-en, et que cela serve de réponse anticipée à ceux qui pourraient dire, beaucoup sans le croire, que parce que je suis uni à une noble et distinguée dame, née dans ce pays, je dois préférer l'honneur et l'intérêt de la nation mexicaine à l'intérêt et à l'honneur de ma patrie.

. . . .

En résumé, Messieurs, car je vois que ma péroraison est longue, je reconnais que j'ai abusé de la bienveillance du Sénat; je crois avoir suffisamment prouvé que les crédits introduits dans la convention de 1851 l'ont été d'une manière frauduleuse et par surprise. Or, d'après un principe de droit, ce qui est vicieux dans sa source ne peut prévaloir, quel que soit le temps écoulé. D'où il résulte que jusqu'à ce qu'aient disparu les vices qui ont originairement faussé ces crédits, et qui n'ont pas encore été vérifiés, ils ne peuvent être valables, étant aussi défectueux aujourd'hui qu'ils l'étaient le premier jour.

Je déduis de tout cela, que la nation mexicaine a été et est encore dans son droit en ne payant pas. Celui qui prétendrait le contraire, méconnaîtrait la saine raison écrite dans le sentiment de tous les hommes. Il méconnaîtrait la saine morale écrite dans son cœur ; il méconnaîtrait la justice écrite dans les Codes espagnols, et il mériterait la critique des hommes sensés, honnêtes et probes, qui savent sans passion juger les choses les plus importantes.

J'ai démontré encore que la nation mexicaine ne peut être responsable des crimes commis par une horde de bandits, et que la justice a donné satisfaction à l'Espagne en condamnant huit des assassins qui ont pu être pris jusqu'ici. L'exécution de la sentence a satisfait à la vindicte publique.

Le gouvernement de Sa Majesté fera ce qui lui paraîtra convenable, je n'ai pas la prétention de croire que mes paroles vous feront varier le moins du monde dans le plan que vous avez conçu d'aller au Mexique, les armes à la main ; mais qu'une question me soit permise.

A qui irez-vous demander satisfaction ? Au gouvernement de Juarez, qui est à Vera-Cruz ? Il vous répondra que, voulût-il satisfaire vos exigences, il ne le pourrait, parce que son autorité ne s'étend pas plus loin que les murailles de la place.

La demanderez-vous, cette satisfaction, au gouvernement de Zuloaga, qui est à la capitale ?

Il vous fera une réponse semblable.

Et alors que ferez-vous ? Attaquerez-vous ce pays de

toutes manières, sans respect ni considération pour l'état dans lequel il se trouve, et sans tenir compte de la guerre civile qui le dévore depuis tant d'années ?

. . . .

Arrêtez-vous, Messieurs, arrêtez. Qu'allez-vous gagner en portant les armes contre le Mexique? Rien, ni honneur, ni gloire. Ce que vous allez faire, c'est détruire l'influence que doit toujours avoir l'Espagne sur la race latine, et l'influence ne s'impose pas à coups de canon. Ne perdez pas de vue que les États-Unis, à la tête de la race saxonne, avancent tous les jours davantage. Ne facilitez donc pas, par les armes espagnoles, son avidité d'envahissement.

Arrêtez, arrêtez-vous, s'il en est temps encore. Mais si, par malheur, il était trop tard et que le canon de l'Espagne eût déjà tonné, que puis-je désirer, si ce n'est de voir vaincre le canon de l'Espagne : qu'il soit vainqueur, et qu'il sauve du moins l'honneur de nos armes. Et si, pour vaincre, vous avez besoin d'une épée de plus, disposez de la mienne.

Général Prim.

Sa Seigneurie a dit, enfin, que dans la question mexicaine, il n'y a ni convenance ni droit. Je ne sais s'il y a convenance dans cette question, ni ne veux le savoir. Pour m'en émouvoir, je n'ai besoin que de savoir qu'il y a offense pour la nationalité espagnole. (*Le comte de Reus :* « Je nie qu'il y ait offense. ») Il y a offense pour la nationalité espagnole là où son drapeau a été insulté, ce drapeau qui les a conquis. C'est ainsi, en propres termes, qu'on l'a dit devant les Cortès, et personne n'a élevé d'objection.

Le général Ros de Olano, *sénateur.*

L'illustre général vous a dit qu'il n'était pas ici général, mais homme politique, sénateur et homme d'État. J'avoue que j'éprouve une peine extrême à lui déclarer que mes espérances ont été complétement déçues. Je ne vois dans le discours de Sa Seigneurie qu'une chose, et je la dirai sans mépris, car je suis avocat, je n'y vois qu'un plaidoyer et un plaidoyer devant un tribunal mexicain.

Les termes de l'amendement m'avaient causé une profonde peine ; je croyais que son discours les justifierait en quelque manière, du moins par rapport à lui-même, mais j'avoue que la plus grande partie de ce discours m'a étonné plus encore que l'amendement lui-même.

Dans cet amendement, le général Prim accuse le gouvernement actuel et tous les gouvernements antérieurs d'un manque de décorum, et d'un manque de raison à la cause de l'Espagne. Il fait plus ; au commencement de son discours, il lance l'accusation la plus formidable contre la nation espagnole ; il l'accuse tout entière d'incapacité. Il a dit que personne n'avait compris la question ; que personne ne la comprenait ; que personne ne l'avait étudiée ; que personne ne l'avait même examinée. Ni les ministres qui se sont succédé, ni les fonctionnaires qui ont exécuté les ordres des ministres, ni les diplomates, ni les hommes d'État, ni les députés, ni la presse. Personne, Messieurs, n'a rien entendu à cette question.

L'Espagne est présentée par le comte de Reus, comme une nation qui ne sait ce qu'elle fait, qui ne sait ce qu'elle dit, qui écrit des protocoles, qui envoie des notes, qui dépense des millions, qui nomme des diplomates, qui accepte et refuse des médiations, et qui fait tout cela sans rien comprendre. Ses assemblées politiques délibèrent, discutent, votent et acclament des propositions, et tout cela sans savoir ce qu'elles font. La presse unanime élève sa voix dans cette question, elle l'examine, elle l'étudie, et dans tout cela la presse subit une influence étrangère ; elle est erronée, elle est ignorante.

Certes, Messieurs, aucun ennemi de l'Espagne ne pouvait fulminer contre toute la nation, contre tous les pouvoirs, contre sa souveraineté, une accusation plus accablante d'incapacité.

Que le Sénat considère que, bien que je m'éloigne un peu du but que je me propose, je dois, pour ma part, faire entendre ici une protestation contre cette accusation, dont je laisse la qualification au cœur et à l'intelligence de tous les partis, de tous les sénateurs et de toute la nation.

Tous nous sommes incompétents, moins trois personnes. Sa Seigneurie, un de ses parents et un de ses amis. Ce sont les seuls qui ont compris la question du Mexique.

M. PASTOR DIAZ,
ancien ministre des affaires étrangères.

Je croyais et j'avais des motifs de le croire, que si l'honneur national, que si les hauts intérêts auxquels jamais le peuple espagnol n'a été indifférent, l'engageaient dans une guerre éloignée et étrangère, il n'y aurait qu'un sentiment en Espagne, il n'y aurait qu'une opinion à cet égard, et que le comte de Reus serait le premier à offrir son épée et ses talents militaires pour aller le soutenir.

Il y eut, un jour, s'il m'est permis de le dire, il y eut une occasion où le comte de Reus s'est expliqué avec moi en des termes semblables. Quel plaisir ne me causèrent pas alors ses paroles ! Quel chagrin me produit maintenant l'amendement qu'en contradiction à ses paroles d'alors, il vient de soumettre au Sénat.

. . . .

Comment, Messieurs, peut-on dire que la raison n'est pas du côté de notre patrie, quand, après avoir déchiré traité sur traité, on voit les violations de la foi nationale s'unir à l'effusion du sang de nos chers compatriotes ? Ce n'était pas assez que l'infraction d'un traité, il fallait ajouter une série d'offenses et de violences commises contre des Espagnols. Comment, je le répète, peut-on discuter en plein Sénat espagnol un amendement dans lequel on condamne une cause que la nation tout entière a embrassée (le comte de Reus le déclare lui-même), que la nation tout entière a considérée comme juste, et que la nation tout entière se trouve disposée à soutenir ?

. . . .

Je désirerais que le comte de Reus retirât son amendement, afin de voir apparaître une complète unanimité ; qu'il ne se donnât point la peine de le soutenir, parce que d'une autre manière j'ai la conscience que tous les

Sénateurs voteront comme un seul homme et que le comte de Reus aura la triste satisfaction de demeurer seul au milieu de la solennelle décision d'un des corps législatifs d'Espagne.

M. Calderon Collantes.
Ministre des affaires étrangères,

(L'amendement mis aux voix, par appel nominal, a été rejeté par 119 votes *contre* un *pour*, celui du comte de Reus.)

II

DISCUSSION AU SÉNAT ET A LA CHAMBRE DES DÉPUTÉS LORS DE LA RÉCEPTION DE L'AVIS OFFICIEL DE LA RETRAITE DU GÉNÉRAL PRIM

(JUIN 1862.)

M. le marquis de los Castillejos vient d'agir d'après ce qu'il a toujours pensé. L'esprit qui l'a guidé en accomplissant les fonctions de chef militaire et d'envoyé ministre plénipotentiaire, a été en harmonie avec ses doctrines, consignées devant le Sénat d'une manière positive. Tous se les rappelleront en se reportant au débat qui eut lieu en 1858, au sujet de la réponse au discours de la Couronne, auquel le général Prim a présenté l'amendement suivant.

« Le Sénat a vu avec peine que les différends qui ont eu lieu avec le Mexique subsistent encore. Ces différends auraient pu avoir une solution pacifique, Madame, si le gouvernement de Votre Majesté eût été animé d'un esprit plus conciliateur et plus juste. Le Sénat comprend que l'origine de ces dissensions est peu honorable pour la nation espagnole, et par cela même il voit avec peine les préparatifs de guerre que fait votre gouvernement, car la *force des armes ne nous donnera pas la raison que nous n'avons pas.*

« Palais du Sénat, 13 décembre 1858.

« Le comte DE REUS. »

Ce qui est arrivé actuellement au Mexique est entièrement conforme à l'amendement que je viens de lire. M. le marquis de los Castillejos a été conséquent avec sa politique. Qui n'a pas été conséquent avec la sienne, c'est le Ministre responsable, qui a fait choix, pour cette mission, d'un homme dont les opinions étaient si claires et si connues.

. . . .

Le général marquis DE NOVALICHES,
sénateur.

De l'étude que j'ai faite des documents qui nous ont été fournis par le gouvernement, je n'ai pu trouver une raison assez forte pour justifier la retraite des troupes espagnoles de l'expédition du Mexique. M. le marquis de los Castillejos aura eu sans doute des motifs que la prudence ne permettait pas de confier aux communications officielles et cela nous satisfera. J'espère de sa capacité et de son patriotisme qu'il aura eu des motifs assez puissants pour prendre sur lui l'immense responsabilité d'un pas comme celui-là, et qu'il a dû faire avec chagrin. Comment le vaillant soldat d'Afrique ne devait-il pas se retirer avec peine du champ de bataille? Combien ne devait pas l'affliger le spectacle de nos soldats revenant tristes et mornes à Cuba, d'où ils étaient partis enveloppés dans une atmosphère d'enthousiasme, et de les voir revenir sur un navire sur lequel ne flottait pas le noble drapeau espagnol?

Le marquis DE MIRAFLORES, *sénateur, ancien ambassadeur.*

Il me paraît que dans de tels aveux on voit la pensée du gouvernement d'établir la monarchie au Mexique. Il est facilement démontré que sa pensée n'était pas de faire les réclamations. S'il eût été question de cela, le gouvernement eût-il choisi le *seul homme* qui avait déclaré devant le Sénat espagnol que ces réclamations *n'étaient pas justes?* Comme la pensée était autre, il n'a pas hésité à nommer la personne qui réunissait les qualités de bravoure et d'habileté.

. . . .

Arrivons maintenant, Messieurs, aux événements de la Soledad. Pour moi, je ne peux comprendre que les troupes alliées, qui allaient pour être témoins de la régénération de ce peuple, ne marchaient pas jusqu'à la capitale, qui était le lieu où elle devait se vérifier cette régénération. On peut seulement le comprendre par le manque de transports. S'il en est ainsi la responsabilité tombe sur le gouvernement, qui a été le premier à commander son expédition et qui l'a fait partir sans les moyens nécessaires pour arriver à la capitale.

Mais enfin le traité a été fait, y a-t-il eu accord ? Non. Le gouvernement anglais approuva complétement le traité ; le gouvernement français déclara qu'il était offensif à la France, et le gouvernement espagnol a dit ici qu'il l'approuvait, et il a censuré le plénipotentiaire pour l'avoir fait.

. . . .

Vous avez vu le résultat que vous avez obtenu avec vos négociations diplomatiques, et les conséquences que nous a amenées une expédition dans laquelle on avait placé de si importants avantages.

Les États-Unis, contre lesquels on pouvait avoir pensé à élever un rempart qui contînt l'invasion de la race anglo-saxonne, les États-Unis, dis-je, ont le même motif de plainte et de haine contre nous que si nous eussions élevé cet obstacle à leur ambition. Car il demeure bien démontré que si nous n'y sommes pas parvenus, ce n'est pas faute de désirs, mais seulement par défaut d'intelligence suffisante et le peu de prévision.

Les républiques américaines qui ont traité nos nationaux avec un si grand mépris, qui ont violé les traités, qui ont insulté notre pavillon pouvaient tout craindre, en voyant l'Espagne pour la première fois envoyer contre elles une expédition respectable, et s'unir aux autres puissances pour leur faire reconnaître sa supériorité sur leur continent. Elles augmenteront d'audace et elles traiteront d'une façon pire encore les malheureux Espagnols.

Les partis conservateurs, tant au Mexique que dans les autres républiques américaines, ont toujours été favorables aux Espagnols, même quand ceux-ci, qui les ont malheureusement compromis, non-seulement ne les ont pas défendus, mais encore alors qu'ils ont imité l'exemple des partis contraires, et les ont à leur tour laissés dans l'oubli. Ces conservateurs étaient les seuls sur lesquels vous pouviez compter pour réaliser vos plans, si effectivement vous en aviez. Eh bien ! ils se sont tournés contre l'Espagne; ils se sont déclarés, et ils ne pouvaient faire autrement que de se déclarer partisans de la France.

Et par dessus tous les maux matériels et toutes les disgrâces qui ont succédé à cela, il y a un mal moral, un mal que chacun éprouve au fond de son âme et qui n'a pas de remède.

Quand l'Amérique a su, quand le monde entier a appris que les soldats espagnols, après avoir touché le territoire qu'illustra Fernand Cortez, avec ses admirables exploits et ceux de ses héroïques compagnons, avaient abandonné ce territoire, non-seulement sans exiger ni obtenir satisfaction des offenses reçues, mais encore sans demander cette satisfaction, ils ont vu que vous aviez jeté une tache ineffaçable sur la page la plus brillante de notre histoire, plus brillante que celles de notre indépendance dans les temps anciens et modernes.

M. Olozaga, *député*,
ancien ambassadeur à Paris.

Nous allions en Amérique pour changer l'ordre de choses y existant, et le gouvernement oublie de convenir des moyens d'arriver à ce but. On traita de la personne qui devait nous représenter et on oublia les autres choses.

Hier j'ai entendu dire à M. le Président du conseil des

ministres, que le comte de Reus avait sollicité, de la manière honorable qui convient à un personnage comme lui de solliciter, le poste de général en chef de nos troupes et de représentant de l'Espagne au Mexique. Qu'il avait accepté les conclusions des instructions du gouvernement. Ainsi en les acceptant, les opinions que le comte de Reus avait soutenues devant le Sénat cessaient d'avoir aucune valeur.

Je ne nie pas que, s'il est vrai que le général Prim ait sollicité cela, on ne peut pas soutenir que par le fait d'avoir admis les instructions, il n'ait pas maintenu ses opinions antérieures sur ce sujet.

Mais ne plaidons-nous pas ici ce qui est bien prouvé. Qui veut-on tromper? Est-ce donc assez qu'un personnage se présente et dise. Je désire commander l'expédition et représenter l'Espagne, dans la république du Mexique, pour que tout soit dit? A ce sujet M. Olozaga disait une chose très importante, c'est qu'il est bon de nommer pour des emplois diplomatiques des personnes qui ne puissent être accusées d'être en contradiction avec elles-mêmes.

Cela veut dire que le gouvernement devait épurer les opinions du comte de Reus. Il devait lui demander jusqu'à quel degré il soutenait les opinions exposées par lui devant le Sénat.

Je suis certain que s'il eût été interpellé là dessus, plusieurs des difficultés qui sont survenues depuis n'auraient pas eu lieu.

Puisque cela se fait avec quelqu'un qui ne s'est pas prononcé sur une question, dans un sens opposé à celui qu'il s'agit de soutenir, à combien plus forte raison ne devait-on pas l'exiger, avec une personne qui avait développé des opinions *diamétralement opposées* aux instructions qui lui étaient données ?

Dans la principale question nous avons principalement oublié tout ce qui eût dû être fait pour éclaircir la fin et les moyens par lesquels on devait résoudre la question. Je suis convaincu que le gouvernement a commis un semblable oubli en nommant *celui qui devait le représenter.*

Il découle de là une grave accusation contre le gouvernement de Sa Majesté ; pourquoi a-t-il choisi le général Prim avant d'obtenir l'assurance qu'il était en tout conforme dans ses opinions avec lui sur ce sujet ? Le ministre d'État ignorait-il que les opinions d'un homme ne peuvent faire moins que se réfléchir dans les actes qui dépendent de sa volonté et de son intelligence ? Le gouvernement ne comprend-il pas que ses actes quelque petits qu'ils soient, finissent par influer sur le résultat général d'une chose ? M. le ministre d'État veut-il que je lui cite des documents du général Prim, dans lesquels se révèle l'opinion qu'il avait soutenue auparavant ? Et bien, je ne ferai que rappeler ce qu'il a manifesté au sujet de la convention Mon-Almonte, et j'aurai prouvé ce que j'avance.

M. Gonzales Bravo, *député*,
ancien ambassadeur.

Nous marchions, il y a peu de temps, victorieusement au Mexique. Où sont maintenant nos soldats ? A la Havane.

Mais à leur place ce sont les Français qui suivent le chemin héroïque et glorieux tracé par les soldats de Fernand Cortez. Mon cœur verse des larmes de sang. Il y a une honte patriotique qui m'enveloppe tout entier en ce moment. Cortez et ses soldats furent couverts d'une immense et juste gloire, à nous il ne revient que le déshonneur. Et c'est là la politique que vous défendez? Ce sont là les grands triomphes que vous présentez?

. . . .

Je le demande au gouvernement? La retraite de l'armée est-elle un grand triomphe? M. le Ministre parlait hier de l'influence que l'Espagne avait acquise depuis que le ministère actuel dirigeait les destinées du pays. Pour moi je ne crois pas qu'il y ait eu depuis 1808 aucun événement international, qui ait plus fortement blessé mon pays et qui l'ait couvert d'un deuil plus général.

Si nous avions quelque chose à faire au Mexique, pourquoi sommes-nous revenus? Si nous n'avions rien à y faire, pourquoi y sommes-nous allés? Croyez-vous que nos soldats dans l'île de Cuba ne soient pas douloureusement affectés de voir les Français suivre le chemin que Fernand Cortez illustra de son épopée? . . . .

M. Rivero, *député.*

Soyons francs, j'en appelle à la conscience de tous les hommes qui ont pris part au gouvernement de mon pays, je pourrais en appeler à la conscience même de M. Olozaga, qui a occupé des positions importantes en Europe; cette association commune de la France, de l'Angleterre et de l'Espagne dans les affaires du Mexique, cette intervention qui n'allait ni conquérir, ni dominer, ni imposer aucune sorte de gouvernement, mais seulement mettre le Mexique dans la situation de pouvoir se donner un gouvernement digne du siècle où nous vivons, n'était-ce pas le *bel idéal* des gouvernements de notre patrie ?

Plusieurs fois nous avons désiré cette action, qu'ont empêchée d'abord nos dissensions civiles et notre impuissance, ensuite l'indifférence avec laquelle ces deux grandes nations d'Europe, la France et l'Angleterre, avaient considéré les calamités du Mexique, enfin le veto des Etats-Unis et la doctrine de Monroé.

. . . .

Je le répète, la nation espagnole avait sur les côtes du Mexique une armée de six à sept mille hommes, celle des alliés de France et d'Angleterre montait à un peu plus de trois mille. Le général qui commandait toutes ces troupes et qui, dans tous les événements, du moins dans le principe, eut la direction absolue de la partie diplomatique et de la partie militaire, avait eu, dès les premiers jours, la fortune de mériter les témoignages les plus hautement flatteurs de la part du souverain d'une nation amie et alliée à ma patrie.

. . . .

Les antécédents, les opinions, le jugement spécial et les appréciations particulières du général comte de Reus, plénipotentiaire et général espagnol en même temps, n'ont-ils pas influé sur le cours des événements du Mexique ? Le gouvernement de S. M. devait-il nommer le général Prim avec les antécédents qu'il avait au sujet de la question mexicaine ?

. . . .

Eh quoi ! dirais-je : Le comte de Reus ne voit pas qu'en faisant une campagne rapide et brillante au Mexique, il

2

pouvait laisser à ce malheureux pays les conditions de liberté et d'indépendance pour établir un bon gouvernement ? Il pouvait contribuer autant qu'il était en lui, durant les premiers mois, à faire sur ce territoire tout ce qu'il aurait voulu, y eût-il loyauté ou non de la part de ses alliés. Il serait revenu en Europe triomphant, en laissant au Mexique un gouvernement bien établi. Il eût reçu les bénédictions de ce peuple, dont il eût été le libérateur ; il atteignait enfin, en Espagne et en Europe, une plus haute renommée que celle qu'il avait déjà conquise en Afrique.

Quelle aberration il y a eu ici ? Quelle triste fatalité ? Je ne puis ni ne parviens pas à l'expliquer.

Il va à la Soledad ; il signe la convention de la Soledad ; sur ce point, je dois en appeler au témoignage de mes amis, et plus qu'à leur témoignage, je dois m'en rapporter à la déclaration faite par un journal. Des personnes écrivant dans cette feuille sont venues me demander un matin si le traité de la Soledad était vrai. Un journal des États-Unis le rapportait, *el Pensamiento espanol* de Madrid, l'avait reproduit.

Messieurs, sans consulter en rien le gouvernement de S. M., n'ayant d'autres nouvelles que mon inspiration, et d'autre motif de jugement que les antécédents du comte de Reus, je répondis à mes interlocuteurs que cette convention était impossible, absurde, qu'elle ne pouvait exister, et le soir même, dans le journal *la Epoca*, je démentis la nouvelle de la convention.

Quand je vins au congrès, je sus qu'elle était vraie. Cela vous dit, Messieurs, tout ce que j'éprouvais sur cette convention de la Soledad. J'entends dire que la convention a été approuvée. Que m'importe ! Que disait la convention de la Soledad ? Messieurs, tout le contraire du traité de Londres.

Dans le premier traité de Londres, le gouvernement de Juarez était appelé abominable, et les préliminaires de la Soledad donnaient dans leur article premier, une patente de justification pour ce gouvernement. Ils le revêtaient non-seulement de toute la force morale dont il avait besoin pour traiter avec l'Europe, mais encore pour dominer tous les partis conservateurs de son pays. Je n'ai rien à dire des autres articles, car le gouvernement de S. M. a tout dit dans sa dépêche sur cette question.

. . . .

Les sentiments du cœur, les élans de l'âme, les nobles impulsions de l'humanité, doivent souvent disparaître devant les hautes considérations de la politique, mais surtout devant le respect que les représentants de S. M. à l'étranger doivent accorder aux compromis de leur nation et aux liens qui l'unissent aux autres, alors qu'il s'agit d'une action commune.

Ce qu'il y a de certain, c'est que, par la convention de la Soledad, le drapeau mexicain que nous avions abattu à Vera-Cruz, et qui représentait Juarez, venait se lever sur ces forteresses. La vérité est que, par la convention de la Soledad, les troupes françaises et anglaises, de même que les troupes espagnoles, au lieu d'aller à Mexico et de résoudre la question comme le désiraient les gouvernements des alliés, devaient s'arrêter en chemin et, en outre, si les solutions étaient assurées, ces troupes devaient se rembarquer. Ce qu'il y a de certain, Messieurs, c'est que par la convention de la Soledad, nous enlevions toute espérance, absolument tout espoir, aux partis amis et alliés de l'Espagne et de l'Europe au Mexique. Il était impossible,

Messieurs, absolument impossible, qu'il s'élevât là une seule voix en faveur de l'intervention européenne et du but hautement exprimé de cette intervention.

. . . .

Le général Prim, qui agit avec tant de succès, qui est si prévoyant, qui se montre si noble en défendant les droits de la justice, alors qu'il s'agit de Miramon et autres Mexicains, perd complétement le calme quand Almonte arrive. Almonte est une espèce d'ombre qui le poursuit de toutes parts, et qui lui enlève complétement la fermeté de son jugement et le calme de son intelligence. A la tête de dix mille hommes, il ne voit que le général Almonte. Il ne voit que cette autre ombre royale qui se cache derrière cet introducteur de la candidature d'un prince d'Autriche. Que fit Almonte? que voulait le général Prim ? Ces émigrés étaient revenus à leur pays, deux mois après l'arrivée des forces européennes, alors qu'ils croyaient être pour le moins dans les conditions de pouvoir retourner dans leur patrie en toute liberté.

Ces émigrés avaient fait connaître leurs projets de voyage à tous les gouvernements intéressés. Tout le monde savait qu'ils allaient au Mexique.

Ces gouvernements pouvaient désapprouver leur conduite future, mais il est certain qu'en aucune manière ils ne pouvaient, et bien moins le représentant de l'Espagne, empêcher que le général Almonte pénétrât sur le territoire mexicain.

Qu'est-ce que le général Prim voulait que l'on fît ? Voulait-il qu'il demeurât à la Vera-Cruz, pour être exposé à la fièvre jaune, ou qu'il pénétrât dans le Mexique, pour être assassiné comme Robles Pezuela ?

Que devait-il arriver? Ce qui a eu lieu en effet, qu'il

dut aller sous la protection des baïonnettes françaises, au lieu de se retirer au quartier espagnol, du moment qu'il n'était pas libre au Mexique, parce qu'il était l'ami de l'Espagne ; et plus encore, s'il n'eût été ami, il eût fallu tâcher de se l'attirer ; mais le général Prim eut le malheur de ne pas voir alors les choses comme je les vois dans ce moment.

. . . .

J'y vois le plénipotentiaire anglais conséquent dans cette partie avec ses antécédents et avec sa politique antérieure. J'y vois le plénipotentiaire anglais devant le plénipotentiaire espagnol faire l'apologie du gouvernement de Juarez. S'il eût eu là, le président Lincoln ou le défunt Monroé, avec sa célèbre doctrine, je suis certain qu'ils eussent souri en voyant l'accueil que le plénipotentiaire d'Espagne donnait aux protestations chaleureuses du représentant d'Angleterre.

J'y vois enfin le comte de Reus, l'ambassadeur et général de dona Isabelle II, dire, appuyé sans doute par cette histoire de quarante années d'anarchie, qu'au Mexique il n'y avait pas d'éléments, non pour la monarchie de tel ou tel prince, cela importait peu, mais qu'il n'y avait aucun élément pour aucun genre de monarchie. C'est-à-dire qu'il n'y a au Mexique aucune espérance de salut.

M. Coello, *député*,
ambassadeur en Suisse et en Belgique.

J'ai le regret de différer complétement de sentiment dans cette question avec le gouvernement de Sa Majesté. Je diffère de son appréciation avant et après le traité de Londres. Je diffère de sa manière de voir, principalement depuis la nomination *impolitique* et *inexplicable* du marquis de los Castillejos, jusqu'à l'abdication et la *catástrophe* d'Orizaba.

. . . .

J'ai dit que je désapprouve la conduite du gouvernement avant et après la convention de Londres, et principalement depuis le moment où il a nommé le marquis de los Castillejos jusqu'à la rupture et abdication d'Orizaba. Par cette raison je demande de nouveau ce qui a été fait au Mexique?

Sauver Juarez, cet homme, ce pouvoir de qui le gouvernement espagnol, par les augustes lèvres de la reine d'Espagne, il y a peu de mois du haut de son trône, a déclaré que c'était un affront de l'humanité! Sauver Juarez, l'ennemi de l'antique Espagne, l'ennemi de la nouvelle Espagne, ce bourreau, ce fléau des deux races dont il descend, la race Indienne et la race Castillane! Sauver Juarez, cet assassin des Espagnols, cette personnification de toutes les spoliations, de toutes les vengeances, de toutes les infamies qui ont eu lieu contre nous dans le Nouveau Monde!

Sauver Juarez, ce fléau de la civilisation espagnole et catholique, ce traître à sa nationalité, l'ennemi de sa patrie, qui l'a vendue dans le passé aux Etats-Unis, qui la vend actuellement et qui la vendra encore dans l'avenir! Ce que l'on a fait enfin au Mexique, cela a été de sauver

Juarez, ce qui est le comble de la démence et le comble de l'ignominie !

. . . .

Le Congrès le sait déjà : nous sommes à le contempler et cela nous paraît un rêve. Quelle que soit la conduite ultérieure du gouvernement avec le cabinet actuel ou tout autre, on a abdiqué toute influence en Amérique, on a abdiqué pour longtemps, je le répète, l'influence morale, l'influence légitime que nous devrions exercer non-seulement au Mexique, mais encore dans toute l'Amérique espagnole.

Avec cette influence on a abdiqué la défense de nos nationaux, de nos principes, de nos intérêts politiques et matériels, la défense, la garde, l'entretien et le développement de notre civilisation dans le monde.

M. Moreno Lopez a dit que, ce qu'allait faire le général Prim à la tête des bataillons espagnols, en allant au Mexique avec les Français, « c'était d'être l'acolyte des Français. »

Eh bien ! qu'allait-il faire avant la rupture ? Qu'allait-il faire quand se célébra la convention de Londres ? Qu'allait-il faire quand il accepta sa mission ? Qu'allait-il faire quand il débarqua au Mexique ?

J'ai été vivement affecté, qu'on me permette de le dire, quand j'ai entendu cette chose vulgaire dans la bouche d'une personne si remarquable et d'une aussi haute intelligence comme M. Moreno Lopez. C'est un argument que l'on peut produire autre part, mais pas ici.

Les trois nations avaient fait une alliance ; elles allaient au Mexique, chacune avec sa représentation officielle, chacune avec sa position morale, chacune avec ses moyens propres, chacune avec son rang européen. On ne peut pas dire que les Espagnols, s'ils avaient dépassé Orizaba, et s'ils eussent été à Mexico, on ne peut pas dire qu'ils étaient les acolytes de la France.

M. Rios Rosas, *député,*
ancien ambassadeur.

III

OPINION DES ORATEURS DU SÉNAT ET DES CORTÈS SUR LE DISCOURS DU GÉNÉRAL PRIM

Quant à M. Billault, je suis bien résolu à lui faire sentir jusqu'à la garde ma lame de Tolède.

(Le général PRIM.)

AMENDEMENT DU GÉNÉRAL PRIM.

« En terminant les différends survenus dans la question du Mexique par le désaccord des plénipotentiaires, le Sénat espère, de son côté, que la pensée et le désir constant de V. M. relativement au traité de Londres seront réalisés. »

(*Paragraphe du projet de réponse au discours de la reine d'Espagne.*)

« Comme il se complaît de voir que le gouvernement de V. M. ait déclaré que le désaccord qui s'est produit ne provenait pas de votre gouvernement ni du plénipotentiaire de V. M. »

(*Amendement du général Prim.*)

N. B. Mis aux voix par assis et levé, cet amendement a été rejeté à une immense majorité.

Convention de Londres.

Mais ce qu'il y a de particulier, comme ont dû le remarquer MM. les sénateurs, c'est que le ministre sans portefeuille, M. Billault, affirme de la manière la plus absolue que l'expédition combinée au Mexique, n'a été d'abord organisée que pour renverser le gouvernement de Juarez. C'est de ce point qu'il fait découler toute son argumentation, c'est de ce point que partent toutes les récriminations que l'on a dirigées aux ministres alliés, et plus particulièrement au ministre de la reine d'Espagne. Ces récriminations, comme je vous l'ai dit, et comme vous l'avez compris, Messieurs les sénateurs, sont d'autant plus graves qu'elles manquent de bases pour les asseoir.

Général Prim.

« Les désordres et les exactions sont parvenus à un

dernier excès chez ce malheureux peuple du Mexique ; les traités déchirés, les droits méconnus, mes sujets condamnés aux plus graves attentats et exposés à des dangers perpétuels. Il était indispensable de donner à la fois un exemple salutaire de rigueur, et un témoignage de magnanime générosité. »

(*Discours de la reine d'Espagne.*)

Ce sont là de dures paroles, qui ne peuvent être adressées à une nation que quand déjà sont rompues toutes sortes de relations, et qu'on ne reconnaît en rien le gouvernement établi.

Général marquis DE NOVALICHES,
sénateur.

En formulant le projet de convention, il y a deux choses constatées : 1° la démonstration que les puissances étaient persuadées de l'absolue nécessité de faire usage d'une action fortement unie et conjointe, pour obtenir la réparation des outrages reçus ; 2° en ce que, dans la situation actuelle du Mexique, le gouvernement fonctionnant manquait des conditions nécessaires, afin que l'on pût considérer comme garantis les intérêts des sujets des trois puissances, et que celles-ci pussent établir et continuer avec ce pays des relations franches, stables et sans difficultés.

CALDERON COLLANTES,
ministre des affaires étrangères espagnol.

En vertu de ce traité, les alliés allaient au Mexique pour intervenir d'une manière indirecte, pour exiger la réparation d'outrages reçus, et pour obtenir le paiement de nombreuses dettes. Et si cela n'a pas été explicitement et clairement dit, l'esprit et les antécédents sont assez connus pour qu'il n'y ait pas de doute possible. Les alliés allaient au Mexique pour procurer une liberté absolue au pays, pour y constituer un gouvernement stable, offrant les garanties que le gouvernement existant ne pouvait offrir, par le seul fait que les alliés allaient vers lui.

Donc, si le gouvernement actuel du Mexique remplissait ces conditions et pouvait donner les garanties de stabilité que désiraient les alliés, pourquoi aller au Mexique avec la pensée de créer ce qui existait déjà ? C'est là un argument qu'on ne peut détruire.

Le marquis DE MIRAFLORES,
ancien président du conseil des ministres,
ancien ambassadeur à Paris.

Qu'est-ce que se proposait l'Espagne ? Telle est la première question que l'on doit examiner, et puisque M. le ministre dit que plusieurs sénateurs ne connaissent pas tous les documents, il me paraît de la dernière importance de savoir ce que se proposait l'Espagne en s'unissant aux deux puissances alliées pour l'expédition. Je vais vous le dire, d'après les documents officiels eux-mêmes.

Le 6 septembre, dans la dépêche télégraphique adressée à l'ambassadeur d'Espagne en France, dont nous avons déjà parlé, on lit les paroles suivantes : « Si l'Angleterre et la France consentent à procéder d'un commun accord avec l'Espagne, on réunira les forces des trois puissances, tant pour obtenir une juste réparation des outrages, *que pour obtenir un ordre stable et régulier au Mexique.* »

Le 15 septembre le ministre disait à M. Isturiz, ministre plénipotentiaire à Londres ; « que la pensée de l'Espagne était de contribuer à ce que les Mexicains reconnussent la nécessité de constituer, dans ce pays, un gouvernement capable de donner la sécurité à l'intérieur et des garanties suffisantes pour l'avenir à l'extérieur.

Pour démontrer qu'on n'allait pas seulement pour châtier des offenses reçues, et que le but de l'expédition était bien distinct, je citerai un paragraphe concluant. Le marquis de Castillejos, nommé plénipotentiaire d'Espagne, devait parfaitement connaître la pensée de son gouvernement.

Que déclare-t-il lui-même dans le premier acte, en arrivant au Mexique? Dans la note collective adressée à Juarez, on lit :

« Trois grandes nations ne forment pas une alliance seulement pour réclamer d'un peuple que frappent de si grands maux une satisfaction pour des offenses; trois grandes nations s'unissent, s'allient et marchent dans le plus complet accord, pour tendre à ce peuple une main amie et généreuse, qui le relève sans l'humilier de la lamentable prostration où il était tombé. » Et un peu plus bas on ajoute.

« Nous espérons être témoins et protecteurs de votre régénération. »

M. Bermudez de Castro, *sénateur, ancien ministre.*

L'on sait, Messieurs, que l'esprit de la convention de Londres tendait réellement et positivement à combattre le gouvernement de Juarez. En le combattant, se présentait naturellement la pensée de la nécessité où l'on était de s'occuper de l'établissement stable d'un gouvernement, d'après les déclarations mêmes de plusieurs communications du gouvernement de Sa Majesté.

Le général marquis DE LA HABANA,
ambassadeur à Paris.

Trois puissances, dont deux, les plus puissantes du monde, ne se réunissent pas pour un si petit motif. Pour ne pas intervenir dans les affaires intérieures du Mexique, pour ne pas renverser le gouvernement existant, après qu'il nous avait infligé tant d'offenses ; pour bloquer simplement les côtes du Mexique, pour bombarder la Vera-Cruz et s'en emparer, s'il le faut, l'Espagne pouvait suffire à elle seule, et il est inutile d'ajouter que la France et l'Angleterre eussent l'une ou l'autre suffi.

M. ALVAREZ, *sénateur.*

Ainsi, si l'intervention consiste dans les négociations, l'intervention est dans le traité. Mais pour un moment, j'admets la différence, je fais une complète abstraction des négociations et je me borne au traité.

Est-il vrai, Messieurs, est-il exact et peut-on soutenir ouvertement que l'intervention n'est pas dans le traité ? A-t-on bien examiné la lettre, l'esprit, le dispositif, le préambule même du traité ? Je rappelle donc à votre mémoire le préambule du traité, que vous savez par cœur. Je recommande à votre mémoire et à celle de mon ami M. Moreno Lopez, le paragraphe second de l'article 1er du traité, non-seulement le préambule, mais le dispositif du second paragraphe de l'article premier.

Messieurs, dans ce paragraphe, on prévoit une éventualité, dont la prévision n'aurait aucun sens, sans l'hypothèse nécessaire de l'intervention. Dans ce paragraphe on prévoit l'éventualité, si discutée, du cas où les forces alliées devaient pénétrer dans l'intérieur du Mexique.

Pour moi, je vous le demande, les troupes alliées devaient-elles donc pénétrer dans l'intérieur, pour obtenir une satisfaction, une réparation aux offenses, une indemnité aux préjudices, et n'obtenir au moyen d'un traité que des garanties ordinaires pour l'avenir ?

Pour rien de tout cela, il n'était nécessaire de pénétrer dans l'intérieur du pays.

Quel que fût le gouvernement, fût-il celui de Juarez, c'est-à-dire le dernier des gouvernements dans la limite du mal et du funeste, tout gouvernement existant au Mexique, bloqué sur l'Atlantique, bloqué sur le Pacifique, par les trois premières puissances maritimes du monde, devait céder à la loi que les puissances auraient imposée, et céder de suite, à l'instant, pour ne pas mourir de faim.

Par conséquent, la prévision stipulée de pénétrer dans l'intérieur ne pouvait être fondée que sur la seule nécessité, permanente et future de chacune des trois puissances alliées, de surveiller les intérêts de leurs nationaux au Mexique. Cette prévision ne pouvait être basée que sur la nécessité qu'il y eût là un gouvernement stable, solide, régulier, fixe, qui ne fût pas celui de Juarez.

L'on voit évidemment que la clause qui contient cette stipulation renferme implicitement dans le texte du traité le pacte de l'intervention. Les alliés allaient donc au Mexique, d'après le texte même du traité, pour intervenir, pour renverser de fond en comble le gouvernement existant, et pour y établir un autre gouvernement.

M. Rios Rosas, *député, ancien ambassadeur.*

NOMINATION DU GÉNÉRAL PRIM COMME GÉNÉRAL EN CHEF ET PLÉNIPOTENTIAIRE.

Il est vrai que ma pensée fut d'accord avec celle du gouvernement de la Reine qui m'a nommé à cette mission, et c'est seulement à cause de cela que j'ai pu *solliciter* le commandement de l'expédition ; d'où il résulte que je n'ai point fait une politique personnelle, comme on l'a prétendu, et que je n'ai point eu à sacrifier mes opinions.

Général Prim.

Rentrant dans le sujet principal de mon discours, je dois dire que la convention de Londres, ayant été rédigée, devait être exécutée d'après la lettre et d'après l'esprit de cette rédaction. Aussi la première chose que dut faire le gouvernement de la Reine, ce fut de nommer un ministre plénipotentiaire et un commandant de nos forces. Dès ce premier pas, je crois que le gouvernement a commis une très-grave erreur en assumant ces deux emplois sur la même personne. Les convenances en réclamaient deux, et même si chacun d'eux eût pu amener un second, en se basant sur l'atmosphère mortifère du pays, cette mesure eût encore été préférable à celle qui a été prise.

Tout le monde comprend les raisons qui me font dire, que deux emplois d'une aussi vaste importance et si élevés, ne devaient pas être réunis sur la même personne.

Mais le gouvernement de la Reine ne l'a pas vu ainsi. Il a jugé convenable de confier le tout au marquis de Castillejos, qui, le Sénat me permettra de le dire, fut pour le gouvernement une très-grave erreur. Il devait faire choix de tout autre général, excepté le marquis de Castillejos. Si le ministre avait pris garde aux règles générales qui se suivent dans l'ordre politique et dans l'ordre diplomatique, jamais il n'eût envoyé, pour représenter la Reine, une personne, qui, toute respectable qu'elle soit, a au Mexique des intérêts et des relations de famille.

Dans l'ordre militaire, le Ministère ne devait pas non plus faire choix du marquis de Castillejos. Il n'est personne qui connaisse notre histoire ; qui ose refuser au général Prim les qualités des vaillants et des braves ; tous savent les éminents services qu'il a rendus à la patrie.

Mais le général Prim ne devait pas être nommé au commandement des forces espagnoles, eu égard aux prescriptions de nos lois coloniales qui prohibent la nomination de tout individu, ayant des relations de famille ou d'intérêt avec ce pays.

Je sais bien que le marquis de Castillejos, en prenant

l'emploi que lui confiait le gouvernement, je sais bien, dis-je, qu'il contractait l'obligation de faire tout ce qui était convenable au bien de la patrie, sans tenir aucun compte des intérêts de la famille ni des siens propres.

Pour prouver que l'objection que j'ai montrée à la nomination du général Prim, se fait voir dans la conscience de tous, je n'ai qu'à jeter les regards en arrière de quelques jours, et rappeler principalement ce que se sont hâtés de déclarer les journaux qui appuient le ministère, quand celui-ci, pour mitiger l'effet qu'a produit la nomination de Prim à l'emploi de plénipotentiaire et de commandant en chef des forces espagnoles, a ajouté que le général Prim lui-même avait sollicité ces fonctions. Et c'est tellement vrai, que le président du conseil des Ministre a témoigné au congrès des députés, que le général Prim avait offert ses services, ce qui honorait le général.

Marquis de Novaliches.

Man feste des Alliés.

Ainsi que je l'ai dit, notre allocution était parfaitement conforme à la convention de Londres. Elle était écrite dans un sens généreux et libéral et personne n'a eu rien à en dire.

Général Prim.

Le plénipotentiaire espagnol, d'accord avec les alliés, jugea à propos d'adresser une allocution au peuple mexicain. Il voulait reconnaître le gouvernement de Juarez. Ce que le gouvernement espagnol a ensuite approuvé.

Le plénipotentiaire espagnol jugea convenable, d'accord avec les alliés, de diriger un *ultimatum* à Juarez, et comme il voulait que dans ce document il fût déclaré qu'on reconnaissait le gouvernement que symbolisait Juarez, ce que le gouvernement de la Reine a approuvé plus tard, le gouvernement français s'y refusa et répéta qu'il le désapprouvait, comme n'étant pas conforme à la lettre, ni à l'esprit de la convention de Londres.

Marquis de NOVALICHES.

Le plénipotentiaire espagnol arriva au Mexique. Le 9 janvier a lieu la première conférence et le 13, il écrivait au gouvernement de la Reine en lui disant : « Aujourd'hui nous avons tenu notre première conférence et j'y ai reçu des témoignages éclatants de la déférence de nos collègues. Le projet d'une proclamation au peuple mexicain, que j'avais préparé à l'avance, a été adopté presque sans discussion. On a ensuite adopté également sans longs débats le projet d'une note collective. »

Mais le marquis de los Castillejos nous a dit, dans le discours que nous venons d'entendre, « que la proclamation avait été adoptée par tous, que tous l'avaient jugée écrite dans un sens libéral et généreux, et que personne n'y avait rien répondu. Je crois que le général Prim s'est mépris. La proclamation, a été censurée par tout le monde. Le gouvernement espagnol n'a jugé bien, ni la proclamation, ni la note collective ; cela est consigné dans ses dépêches.

Voyons comment a été jugée en Angleterre la proclamation au peuple mexicain. Lord Russell, ministre des affaires étrangères, écrivit à son plénipotentiaire, sir Charles Wyke, sous la date du 23 février : « Depuis que je vous ai adressé mes dernières dépêches, j'ai vu dans les journaux une copie ou traduction de la proclamation des commissaires et généraux des puissances alliées, sous la date du 10 janvier. Je vous déclare que le gouvernement de S. M. B. ne peut approuver cette proclamation et même qu'il la désapprouve fortement. »

Voyons la pensée du gouvernement français : elle est consignée dans une dépêche que l'ambassadeur anglais à Paris a dirigée à son gouvernement sous la date du 28 février :

« J'ai communiqué à M. Thouvenel vos dépêches des 24 et 25 à sir Charles Wyke.

« M. Thouvenel a exprimé une opinion conforme à la vôtre au sujet de la proclamation au peuple mexicain par les commissaires anglais, français et espagnol. Il m'a dit qu'il écrivait à M. de Dubois de Saligny dans le même sens, bien qu'il ne pût le faire d'une manière aussi forte, parce que les commissaires français s'étaient opposés à la proclamation et avaient seulement adhéré, pour ne pas rompre avec leurs collègues. »

Je ne sais si cette résistance, si cette conduite des plénipotentiaires français peut avoir quelque relation avec la scène que nous décrivait l'autre jour le comte de Reus, scène qui a eu lieu entre M. Dubois de Saligny et lui ; mais cela nous importe peu. La seule chose que nous sachions jusqu'à présent, c'est que la France et l'Angleterre ont repoussé la proclamation.

M. Bermudez de Castro.

Premières communications des Alliés.

Mais malgré tout, comme il nous fallait dire au gouvernement de la République pourquoi nous avions été au Mexique, afin de savoir si nous devions le traiter en ami ou en ennemi, ce qui devait dépendre de la réponse de ce gouvernement, ce fut ce qui motiva la rédaction de la seconde note collective que vous avez vue.

Général Prim.

Certes, Messieurs, quelque grave et quelque pénible que fût la situation à la Vera-Cruz, quand on pouvait être maître de Tampico, de Alvarado et autres points en suivant la lettre et l'esprit de la convention de Londres, elle aurait été mille fois meilleure que la situation actuelle de la question du Mexique.

Alors on eût pu réaliser ce que le gouvernement de la Reine pensait terminer par lui seul et plus encore d'après le mode d'apprécier la question par plusieurs d'entre vous ; elle eût offert de plus grands avantages, parce quelle était dégagée de toute dépendance de la part de la nation Espagnole et qu'il devenait plus facile de satisfaire les désirs de chacun par le concours de trois puissantes nations. Dans tous les cas, il est certain que l'intervention du commandant en chef des troupes espagnoles et plénipotentiaire, eût été la plus efficace et j'ose dire qu'elle eût pu être pour ainsi dire exclusive, comme elle l'était déjà par son prestige et par le fait de sa position ; car il était à la tête de 7,000 hommes, tandis que la France n'en avait que 2,000 et que l'Angleterre comptait à peine 700 marins.

Ce n'aurait donc pas été une question résolue par telle ou telle nation. On aurait donc pu poursuivre dans la pensée du gouvernement de la Reine, en envoyant 7,000 hommes, tandis que les Français, malgré leur vanité et leur orgueil, n'en avaient que 2,000.

Il eût donc été facile et très-facile, d'obtenir le résultat qu'on espérait et qu'on devait attendre de l'intelligence, de l'élévation de caractère, non moins que de la noble représentation du général espagnol devant un chef de brigade que la France avait envoyé au continent mexicain à la tête de 2,000 hommes.

Par conséquent nous pouvions utiliser à notre profit et d'une manière convenable, le prestige que nous donnaient les drapeaux français et anglais, dans l'opinion de ceux qui avaient trouvé bien qu'on demandât au gouvernement français de nous y accompagner; car, en réalité, qui dirigeait les opérations et qui influait dans tout, c'était le plénipotentiaire espagnol?

Marquis DE NOVALICHES.

De même que M. Pacheco, en arrivant à Vera-Cruz, trouva sept sujets espagnols assassinés, le pavillon espagnol outragé, un navire capturé; de même en débarquant à Vera-Cruz, le plénipotentiaire espagnol trouva cent ciquante Espagnols expulsés de vive force de Tampico.

. . . .

Nous avons vu l'opinion de l'Angleterre, relativement à la proclamation, la dépêche continue :

« Le gouvernement de Sa Majesté croit que le chemin était tout tracé. Vera-Cruz évacué par les troupes mexicaines, les alliés devaient envoyer à Mexico les conditions et réclamations qui sont énumérées dans le préambule de la convention.

« Les mesures ultérieures devaient dépendre de la réponse reçue ; mais si un campement en dehors de Vera-Cruz et même jusqu'à Jalapa, était nécessaire pour des raisons sanitaires ou militaires, cela devait se réclamer en termes inspirant le respect et non d'une façon à stimuler la résistance. »

C'était là, je le répète, l'opinion du gouvernement anglais.

Après l'expulsion de M. Pacheco, quelle était la situation de l'Espagne au Mexique ? Nous avions vu nos compatriotes assassinés et souvent par les gens de l'autorité qui leur devaient protection ; nous avions vu nos navires capturés par les navires de Juarez, nous avions vu notre pavillon insulté à chaque instant, et, pour couronner cet œuvre d'ignominie, nous avions vu l'ambassadeur d'Espagne expulsé du Mexique.

M. Bermudez de Castro.

Reconnaissance de Juarez.

Les alliés devaient forcément traiter avec le gouvernement de Juarez ; car, dans le cas contraire, ils manquaient à tout ce qui était convenu.

Général Prim.

Si l'on me demande maintenant ce que j'aurais fait dans une situation semblable, au point de vue où je me trouve placé, je répondrai : Dépourvu de vivres, manquant de tout, manquant des moyens de transport, empêché par tous les obstacles d'accomplir ce que je considère comme le résultat de la convention de Londres, je serais mort à la Vera-Cruz avant de reconnaître Juarez et son gouvernement. Si le sort m'avait envoyé un meilleur résultat, je n'aurais pas été détourné par la responsabilité qui pouvait m'atteindre, au sujet des victimes que j'aurais pu faire; certes, j'aurais tout bravé, plutôt que de reconnaître le gouvernement de Juarez, ce à quoi du reste je ne me serais jamais cru autorisé.

Oui ! je le répète, avant de consentir à cette reconnaissance, je serais mort à la Vera-Cruz avec tous les Espagnols sous mes ordres. Nous avons dans notre histoire des exemples qui disent que les Espagnols peuvent en agir ainsi. Sans remonter plus en arrière, lors de notre dernière guerre civile, nous avons eu des exemples semblables dans l'un et l'autre parti en guerre ; on en trouve dans toutes les classes de la société, parmi les chefs et officiers, de même que parmi les simples soldats de notre armée et de notre milice nationale.

Général, marquis de NOVALICHES.

En entendant le langage du ministre d'État, peut-on croire que la mission que l'Espagne allait accomplir au Mexique, se réduisait à donner des conseils amicaux à ce même gouvernement de Juarez, si odieux à son propre pays et aux puissances étrangères? Le traiter d'égal à égal, *c'était le reconnaître, ou du moins lui donner lieu de croire qu'on le reconnaissait comme gouvernement légitime de la République.*

Si ce n'était pas là les idées du gouvernement espagnol, pourquoi donc le disait-on, et si telles étaient ses pensées, pourquoi a-t-on dit plus tard le contraire de ce que l'on pensait alors ?

Le Sénat peut croire qu'il n'est pénible à personne plus qu'à moi, d'être forcé d'accuser à chaque pas que je fais dans cette malheureuse et grave question. Je voudrais n'avoir que des éloges et des remerciments à adresser au gouvernement. Le premier je voudrais n'avoir qu'à célébrer sa conduite ; mais je ne le peux pas. Les documents sont publics, et je croirais me rendre coupable d'un manque de fidélité à mon pays, si je ne me mettais pas ouvertement du parti de la raison, lorsqu'il s'agit de choses qui peuvent prendre les plus immenses proportions. Je ne suis pas de l'opinion du général Infante, qui nous disait qu'en cas de doute et en mettant en balance les difficultés des puissances étrangères et celles de notre pays, il faut toujours donner raison à celles de notre gouvernement.

M. Bermudez de Castro.

Messieurs, pourquoi dire aux Mexicains : « Nous venons ici pour être les témoins et s'il est nécessaire les protecteurs de votre régénération ? » Oui, je le demande, quand, après avoir débarqué des troupes, quand, après avoir pris Vera-Cruz, on vient dire : nous venons pour être les témoins et les protecteurs de votre régénération, et qu'on laisse de côté les réclamations qu'on avait à formuler, est-ce qu'on ne change pas la lettre et l'esprit du traité de Londres ?

Mais c'est plus grave encore quand, ensuite, on ne craint pas de dire aux Mexicains : « Nous reconnaissons Juarez comme le gouvernement légitime de la République. » Cette déclaration, faite après la proclamation du général en chef, n'équivalait-elle pas à faire peser toute l'influence de l'Europe en faveur de Juarez, à qui l'on allait adresser des réclamations devant nécessiter la guerre ?

Il n'était certainement pas prudent, en vue du résultat que pouvaient offrir ces réclamations, de prêter à ce gouvernement l'immense force morale qui résulte des déclarations des plénipotentiaires dans les préliminaires de la Soledad.

C'est ainsi que le parti conservateur qui, comme on l'a dit, a gouverné le Mexique pendant vingt-sept ans, ce parti qui, par ses propres forces a repris le pouvoir en 1857, ce parti qui avait été vaincu par le parti fédéral, ne pourrait parvenir à reprendre le dessus sur les fédéraux et sur les puissances d'Europe ; il a dû se tenir coi.

De manière, Messieurs, que, dès le principe, par le fait de la note collective et du manifeste, la question s'est trouvée placée sur le terrain le moins convenable pour l'Espagne, qui jamais ne pouvait vouloir dans les conditions de sa politique, que l'on vînt donner une force morale au gouvernement de Juarez.

Marquis DE LA HABANA.

Messieurs les députés ont souvent entendu répéter que, dans toutes les communications, ou dans la plus grande partie de celles qui ont été imprimées, on a toujours échangé entre les gouvernements les mots d'intervention, de médiation, gouvernement stable, gouvernement fort ; or, toutes ces phrases répondaient à une pensée qui agitait tout le monde, de parvenir à l'établissement d'un gouvernement fort et durable qui mît fin aux maux de ce pays.

On croyait toujours que les pouvoirs établis maintenant étaient impossibles, incompatibles, avec un bon gouvernement au Mexique.

L'expérience avait démontré qu'il manquait des conditions de commandement, des moyens de stabilité, qu'il n'était pas compatible avec la civilisation non plus qu'avec les relations, les considérations, les devoirs que les gouvernements se doivent les uns vis-à-vis des autres, et qui sont aussi sacrés que ceux des particuliers ; parce que les gouvernements qui veulent qu'on respecte leurs droits, doivent accomplir leurs devoirs et leurs obligations envers eux, et parce qu'en ne les exécutant pas, ils se placent hors la loi.

Tout le monde voyait que le pouvoir de Juarez était incompatible. Tout le monde avait contre lui des réclamations et des offenses. Tout le monde comprenait qu'un pouvoir fort, stable, durable, entraînait après soi la nécessité d'être représenté par une personne habile, compétente, digne, autorisée, aidée, appuyée moralement par l'Europe, sans cela tous les traités, toutes les conventions seraient inutiles, et n'auraient d'autre durée que celle de tant d'autres pouvoirs éphémères, que nous avons vu paraître et disparaître au Mexique.

M. Mon, *député, ancien ambassadeur.*

Si nous étions allés là pour renverser Juarez, si nous étions allés en invoquant la coopération de ses ennemis, si nous étions allés là, en promettant au pays la liberté d'action nécessaire pour qu'il renversât ce gouvernement, et pour qu'il se créât un gouvernement national, le gouvernement qu'il voudrait, si tout cela avait été certain, indubitable, notoire, quand nous allions contre Juarez, que faisions-nous? Quel était le résultat de notre attitude? Que nous avions tendu un piége horrible aux ennemis de Juarez. C'est ce que peuvent dire les Mexicains, et ils le disent. Pour cela, sommes-nous anéantis dans ce pays, pour cela, de longtemps nous ne pouvons nous relever. (*Profonde sensation.*)

M. Rios Rosas.

Le général mexicain Zaragoza.

Le général Zaragoza n'existe plus, que la terre lui soit légère ! son âme repose en paix dans le paradis des vaillants guerriers.

Général Prim.

Lettre du général Zaragoza au général Prim, lue au Sénat par le marquis de Miraflores :

« La Soledad, quartier-général de l'armée d'Orient.

« 10 février 1862.

Général en chef,

« On a toléré jusqu'à ce jour que les puissances alliées

qui envahissent le Mexique, étendissent leurs opérations en dehors de Vera-Cruz ; mais il serait déshonorant pour la patrie et indigne d'un général mexicain, d'assister impassible devant ces nouveaux outrages. Je fais donc savoir au général en chef des forces ci-dessus mentionnées, qu'il doit les conserver dans ses positions actuelles qui sont Tejeria, Medellin, Paso del Toro et S. Juan Loma de Piedra, et ne pas avancer davantage ; dans le cas contraire je regarderais comme ouvertes les hostilités et la guerre déclarée. J'accomplirai le devoir sacré que m'imposent les lois de mon pays comme général en chef de l'armée chargée de la défense de la partie orientale du Mexique.

« ZARAGOZA. »

Vous voyez, Messieurs, comment le général Zaragoza, se permettait de traiter le respectable général en chef des troupes espagnoles.

« Je vous fais savoir » véritablement, connaissant le caractère décidé, plein d'honneur et si valeureux du comte de Reus, je ne sais comment, ce même jour, il ne marcha pas seul sur Mexico.

Marquis DE MIRAFLORES.

Je continue donc à accuser le ministère, et toujours en me tenant à mon point de vue je dis : que le plénipotentiaire espagnol et commandant en chef de nos troupes, une fois à Vera-Cruz, après s'être mis en communication avec ses collègues alliés, leur présenta la communication insolente de Zaragoza, qui nous a été lue par le marquis de Miraflores, ainsi que la manifestation non moins outrageante du gouverneur de la province de Oajaca.

Qu'est-ce que l'on devait faire après cela? Réunir toutes les forces des alliés ; partir de Vera-Cruz, s'acheminer sur Mexico ; châtier l'audace de Zaragoza ; donner une forte leçon au gouverneur de Oajaca et à quiconque aurait voulu se mettre en travers des alliés. C'est là, Messieurs, ce qu'il fallait faire sans tenir compte des intérêts français, mexicains ou anglais en particulier, mais en ne voyant que les intérêts de tous et surtout les intérêts espagnols.

Un général espagnol, à la tête de 7,000 hommes connaissant l'idiome du pays et sachant que, dans ces contrées, il existe un grand nombre d'Espagnols établis et plusieurs fort puissants, un général qu'accompagnent, en outre, 2,000 Français et 700 marins anglais, n'aurait pas dû, sans se mêler en rien des affaires intérieures, intervenir, dans une circonstance semblable, d'une manière politique et convenable?

Les nations amies et alliées pouvaient-elles faire plus que de laisser au premier rang la nation espagnole, dont le contingent était de 7,000 soldats commandés par un général distingué, brave militaire dont la réputation et l'initiative connues (je suis le premier à le déclarer), lui donnaient la facilité d'obtenir de droit, comme il l'avait déjà de fait, l'appui des 2,000 soldats français qui, unis à ses forces, lui eussent permis de faire que de semblables offenses ne demeurassent pas impunies?

Le général marquis DE NOVALICHES.

Pour moi, Messieurs, je n'aurais jamais voulu être

au bon plaisir des Mexicains ; j'aurais exigé la réparation des outrages reçus, et je ne me serais point fait l'allié d'un gouvernement que j'allais combattre. J'aurais crié : *En avant! en avant, les troupes alliées!* Certes, si le plénipotentiaire avait fait entendre cet *en avant!* le général avec ses troupes d'élite aurait répondu comme il le devait, à l'insolente lettre du général Zaragoza, et les armes alliées lui eussent facilement ouvert le passage.

Marquis DE LA HABANA.

CONVENTION DE LA SOLEDAD.

Le gouvernement de l'Empereur, sans s'enquérir de savoir et de connaître l'opinion des alliés, ce qui, selon moi, n'était ni bien, ni convenable, a fait imprimer dans le *Moniteur*, que le gouvernement de S. M. Impériale désapprouvait cet acte diplomatique, le croyant indigne de la France.

On a mis en doute de savoir si ces préliminaires avaient été ou non approuvés par l'Espagne, comme on a mis en doute tant d'autres choses. Mais il est un fait certain et positif, c'est que les préliminaires de la Soledad ont été formellement approuvés par le gouvernement de la reine.

Général PRIM.

Arrivons maintenant à la convention militaire de la

Soledad. Je suis d'accord que, bien que le plénipotentiaire espagnol paraisse avoir pris l'initiative, il n'est pas moins certain que cette convention a été signée par les puissances alliées.

Il faut faire attention à une chose; c'est que le plénipotentiaire français y vit une certaine gravité, quand il exigea que les conférences qui devaient avoir lieu en conséquence de ladite convention, seraient ajournées à deux mois. Et pourquoi ? Afin que cet agent eût le temps de connaître l'opinion de son gouvernement relativement à ce traité, et afin d'avoir le temps de recevoir les instructions qui lui permissent d'agir d'accord avec elles. Cela prouve que si le plénipotentiaire français a signé le traité, il ne lui sembla pas bien tout d'abord, puisqu'il exigea un délai de deux mois pour avoir le temps de recevoir des instructions.

Marquis DE NOVALICHES.

« Si le gouvernement de la reine désirait que l'on observât envers le gouvernement de la république mexicaine un système de modération et de bonne harmonie, aussi large, aussi franc, que le permettait la nature des faits qui ont produit l'action combinée des trois puissances unies et les conditions spéciales de ce même gouvernement, il ne croyait pas qu'il fût nécessaire de les porter si loin, que les Mexicains pussent avoir des doutes, sur la manière dont on poursuivrait les réclamations, une fois formulées.

Le gouvernement de la reine donne la valeur qu'elles ont réellement, aux considérations exposées par Votre Excellence pour démontrer la nécessité de tout ce qui a été fait, avant le 20 février dernier, et des préliminaires concertés avec le Ministre des affaires étrangères de Juarez ; mais il fait remarquer en même temps que certains d'entre eux donnèrent lieu, dans le pays même, à des interprétations de nature à fomenter une résistance plus opiniâtre que celle qui aurait été faite, si les réclamations avaient été présentées immédiatement.

En examinant attentivement les préliminaires, on voit qu'en vertu de la première clause, le gouvernement de Juarez acquiert une force morale qu'il n'avait pas ; attendu qu'en ajoutant foi à sa déclaration, il possède tous les éléments de force et d'opinion pour se maintenir ; en outre, on entre immédiatement sur le terrain des traités ou des négociations. Cela aurait pu se faire en omettant la déclaration, et cela n'aurait pas entraîné les inconvénients qui se présentent au premier coup d'œil.

La deuxième clause indique une idée qui ne se comprend pas bien, ou qui ne peut pas se réaliser, parce que les plénipotentiaires des trois puissances ne peuvent déléguer à personne les attributions qu'ils ont reçues personnellement. Ce sont eux uniquement qui ont le devoir et le droit e les exercer.

La quatrième clause a excité la plus vive désapprobation de la part du Gouvernement Impérial, et le gouvernement de la Reine ne l'approuverait certainement pas sans les réflexions que fait votre Excellence pour la justifier, réflexions qui exercent de l'influence sur l'esprit du gouvernement. Réellement on ne peut pas conserver par la force ce que l'on a obtenu par arrangement. La loyauté et la valeur des forces alliées, le point d'honneur des chefs qui les commandent, ne pourraient supporter une semblable pensée. Le gouvernement du Mexique aurait certainement dû abandonner à leur noble décision, l'adoption du parti le plus convenable dans le cas où les négociations n'auraient pas abouti ; ou pour mieux dire, dans le cas où les réclamations des trois puissances armées n'auraient pas été accueillies. Cette démonstration de bon vouloir n'aurait pas été considérable, alors que le gouvernement mexicain avait reçu des alliés tant de preuves de modération et même de générosité.

Il serait de plus extrêmement regrettable que dans le cas où les troupes devraient se retirer, les hôpitaux demeurassent au pouvoir des ennemis, quand bien même ils auraient pris l'engagement solennel de les respecter, et quand bien même on posséderait les moyens de châtier tout acte commis contre eux.

La dernière clause ou condition des préliminaires est celle qui s'explique le plus difficilement. La place de la Vera-Cruz et la citadelle de Saint-Juan-d'Ulloa ont été occupées par les troupes Espagnoles au nom des trois Nations, non-seulement comme base et commencement des opérations, mais encore à titre de gage et garantie pour obliger le Gouvernement mexicain à satisfaire aux réclamations formulées. Tant que cela n'aura pas eu lieu, tant que toute idée ou tout péril de rupture n'aura pas disparu, Vera-Cruz et Saint-Juan-d'Ulloa, abandonnées par les troupes mexicaines n'ont pas d'autorité ni de puissance qui les dominent, autres que l'autorité et le pouvoir des trois Nations alliées.

En plaçant le pavillon mexicain à côté des drapeaux des alliés, on donnait à entendre (en supposant que cela eût eu lieu), que tous ont désormais une situation commune, des intérêts semblables et des droits égaux. Il ne pouvait y avoir d'autre signification à ce fait. Cependant il paraît que cela n'est pas d'accord avec le réalisé des choses.

(*Dépêche de* M. Collantes *au général* Prim.)

Je ne peux comprendre que personne interprète cela, comme l'approbation de la convention de la Soledad.

Y a-t-il un sénateur qui, en lisant ce document, puisse se former une autre idée que celle de la désapprobation explicite et formelle des clauses du traité de la Soledad ?

. . . .

« Réunissons-nous ici le plus promptement possible, « et agissons. Je vous ai déjà prié de venir, ainsi que « M. de Saligny. Le commodore viendra également. Sir « Charles Wyke est d'accord avec moi : réunissons-nous « donc, et que cela finisse. »

. . . .

Qu'est-il dit dans cette lettre du général Prim à l'amiral de la Gravière? *Rompons* la convention de la Soledad et marchons en avant! Oui, je dis *rompons* la convention de la Soledad, parce qu'il en a beaucoup été parlé, parce qu'on a fortement accusé les plénipotentiaires français de mauvaise foi et de vouloir la rompre, et qu'il en est même question dans une communication du représentant espagnol à son gouvernement.

M. Bermudez de Castro.

Qu'est-ce qui a donné lieu à ce qu'on appelle les préliminaires de la Soledad! Examinons-le.

Il convenait de sortir de Vera-Cruz, et ce départ pouvait s'effectuer de deux manières : l'une avec le bon plaisir des Mexicains; l'autre en se passant de ce bon plaisir. L'une était la paix : c'était le système des négociations pacifiques; l'autre était la guerre : c'était la position qui devait être prise par les alliés, surtout dans les conditions où se trouvait le gouvernement de Juarez.

Par conséquent, ce qui a déterminé le traité de la Soledad, n'a point été une question militaire, mais bien une question politique; c'est-à-dire qu'on préféra le bon plaisir des Mexicains qui, comme nous l'avons dit, était la paix. C'était laisser la guerre de côté, pour préférer la voie des négociations pacifiques . . . .

. . . .

Cela démontre, Messieurs les Sénateurs, que ce ne fut point une question militaire qui détermina la convention de la Soledad, ce ne fut point une question de transport des troupes et du matériel qui y donna lieu : ce fut une pensée politique, ce fut une question d'une haute importance qui y fut résolue. Il y avait une différence immense entre marcher avec le bon plaisir des Mexicains ou marcher sans cette circonstance; et notre représentant se décida pour le premier mode d'agir. Le comte de Reus lui-même disait à ses officiers : « Nous sommes, nous les alliés, les hôtes des Mexicains. »

En adoptant ce parti, le plénipotentiaire espagnol se plaça à l'encontre de l'esprit et de la politique du gouvernement de la Reine, tels que je les comprenais avant le second discours de notre ministre d'État.

Marquis DE LA HABANA.

Messieurs, ce que je n'ai encore pu comprendre, c'est le but qu'avait le traité de la Soledad.

Étions-nous en guerre avec le Mexique, oui ou non?

Nous étions en guerre déclarée, en guerre ouverte, et les instructions que le Ministre d'État a données à M. le marquis de los Castillejos le disaient ainsi : « Pendant le temps que durera la guerre, les réclamations seront faites au nom des trois puissances, et jusqu'à ce que les satisfactions soient obtenues, vous ne cesserez pas les hostilités ; vous agirez comme si vous étiez en temps de guerre. »

Que veut dire, Messieurs, le traité de la Soledad? Pourquoi avait-il lieu? Ajourner les négociations, ajourner pour un temps donné l'examen des propositions du traité. Et pourquoi ce nouvel examen, Messieurs? Y avait-il à faire autre chose que d'envoyer l'ultimatum des réclamations du gouvernement? Pourquoi le gouvernement de Sa Majesté a-t-il envoyé là ses armes? Pourquoi a-t-il fait tant de dépenses? Parce qu'on n'avait pas fait droit aux justes réclamations qui avaient été demandées ; parce qu'ils avaient déclaré qu'ils ne voulaient pas accomplir les traités ; parce qu'ils s'étaient refusés à tout.

Quand le gouvernement a envoyé ses troupes au Mexique, il n'y avait rien à traiter, rien à négocier; il n'y avait aucun traité à faire, il n'y avait qu'à faire accomplir par la force, ce qu'on n'avait pas voulu exécuter de bonne volonté. Ce que l'on faisait par le traité de la Soledad, c'était remettre en doute les réclamations de l'Espagne. A quoi avaient donc servi les réclamations antérieures? Pourquoi ajourner encore à trois mois les nouvelles négociations? Il était bien sans doute de marquer un délai, mais établir ce nouveau délai pour traiter de la justice des réclamations, c'était accorder aux Mexicains un droit qu'ils n'avaient pas.

Il s'est agi de chercher un climat salubre pour les troupes. Pour moi, je le demande à un homme aussi habile que M. le Ministre de la guerre, dont la valeur et les qualités militaires, je suis le premier à le reconnaître, sont connues, je lui demande s'il eût sollicité la permission d'aller s'établir à Orizaba. Non, assurément. N'étions-nous pas en guerre avec le Mexique? donc, par le droit de la guerre, ils pouvaient aller s'établir où il leur convenait. N'avaient-ils pas occupé Vera-Cruz? Par quel droit étaient-ils là? Par quel droit sont-ils entrés dans cette place et y ont-ils abattu le pavillon mexicain; se sont-ils emparés des douanes et ont-ils disposé de ses revenus? N'avaient-ils pas les mêmes droits pour entrer jusque dans Mexico s'ils l'eussent voulu?

Comment demander la permission pour aller s'établir sur des terres plus saines! Messieurs, je suis peu versé dans la législation militaire, mais je ne crois pas qu'il fût nécessaire d'une semblable permission. Ce fut la reconnaissance d'un droit que les Mexicains n'avaient pas. Et ce qui est plus grave, et ce que je rends au gouvernement la justice de croire que cela a eu lieu sans qu'il en fût informé, c'est d'avoir arboré le pavillon mexicain à côté du drapeau espagnol.

Par quelle raison le gouvernement de Sa Majesté peut-il reconnaître que le plénipotentiaire avait le droit d'élever de nouveau ce drapeau là où le gouvernement espagnol avait arboré le sien en vertu du droit de la guerre, et cela jusqu'à ce qu'il eût obtenu satisfaction à ses réclamations?

M. Mon.

On fit ensuite l'armistice de la Soledad. Qu'est-ce que

c'est que cette armistice de la Soledad? L'article premier, c'est principalement la reconnaissance formelle de Juarez comme pouvoir légitime du Mexique. C'est ensuite l'adoption du principe pour les Alliés de négocier avec Juarez, afin de discuter de nouveau toutes les questions résolues : celles d'Espagne, depuis 1836; celles de France et d'Angleterre, je ne sais depuis quelle époque.

C'est plus encore, c'est l'alliance avec Juarez, c'est la reconnaissance de Juarez, c'est l'abandon de toutes les solutions antérieurement sanctionnées, c'est la suspension de l'ultimatum et des voies de force ; c'est plus, bien plus encore, c'est l'alliance avec Juarez.

On dit à Juarez que les alliés sont là pour le défendre, pour le protéger, pour coopérer avec lui et pour donner la paix au Mexique. Et comme Juarez leur répond qu'il n'a pas besoin d'eux pour cela ni pour rien autre, alors pour correspondre avec bienveillance à cette ridicule et insolente réponse, on tombe dans une chose inouïe; on commet une énormité.

Les alliés ne se contentent pas de reconnaître Juarez comme pouvoir légitime, avec les qualifications extérieures de pouvoir légitime, qui est tout ce qui convient à un étranger, dans ses relations internationales avec un État quelconque. Non, on va plus loin, et c'est ici qu'est l'énormité. Non-seulement on le reconnaît comme un pouvoir légitime, comme pouvoir de fait et de droit ; non-seulement on lui offre la coopération des alliés, mais encore on déclare qu'il est un pouvoir accepté et appuyé par la majorité de la nation, un pouvoir fort, stable, puissant, indiscutable, revêtu par la sanction de tous les attributs des pouvoirs les plus justes et les plus bienfaisants. Est-ce que les plénipotentiaires avaient le droit ou la possibilité morale et raisonnable pour cela ? Aucun étranger pouvait-il le faire ; avec quelle justice l'eût-il pu ?

Quand cela eût été possible dans leur situation, quand cela eût été dans leurs attributions, quand cela n'eût pas été un scandale, un contre-sens, une absurdité, cela pouvait-il être la vérité ? Était-ce même vrai dans ces circonstances ? L'était-ce avant, le sera-ce dans l'avenir, l'est-ce maintenant, le sera-ce jamais ? Comment cela pouvait-il être la vérité, si cela a été toujours absolument faux ? Et quoi, en faisant cette déclaration, avait-on oublié qne Marquez était en vue des alliés combattant Juarez, luttant contre ses troupes dans des chances diverses de fortune, souvent vainqueur, jamais exterminé, jamais détruit et rarement vaincu ?

Oubliait-on qu'après l'assassinat atroce (pour moi je déclare que la mort de Robles Pezuela est une atrocité, un assassinat ; quand même il se fût agi du dernier des criminels, ce fait mériterait ces qualifications ; car la victime fut traînée au supplice sans aucune forme de procès.) Oubliait-on, je le répète, que Juarez a fait rejaillir le sang innocent de Robles Pezuela sur le drapeau allié ? Je me réjouis presque que le pavillon allié ait subi cet outrage, car il m'eût été bien pénible de voir le drapeau espagnol seul souillé par ce sang innocent. Oubliait-on qu'à Jalapa la vue des sicaires de Juarez n'a pu contenir l'explosion du sentiment public contre ces bourreaux, ces anthropophages ? L'épithète vous paraît dure ? (*se tournant vers quelques députés*).

M. Rios Rosas.

Distinction entre le drapeau de Juarez et le drapeau Mexicain.

Ce qui a le plus irrité M. Billault en parlant des préliminaires (et son irritation, il a pu, par son éloquence, la transmettre aux députés impériaux au point que tous se levèrent de leur siége pour apostropher ceux qui avaient permis une telle chose), ce fut que les alliés avaient permis au pavillon mexicain de flotter à côté des glorieux drapeaux de l'Angleterre, de la France et de l'Espagne. Et qu'auront dit M. Billault et les députés impériaux quand ils auront vu la conduite du général Forey qui, non-seulement allait hisser le pavillon mexicain sur la Chambre municipale de Vera-Cruz, mais encore le saluer avec les canons de la France et a fait défiler devant lui les bataillons français en colonne d'honneur ?

Général **Prim.**

Messieurs, je répondrai à une excuse qu'a donnée ces jours passés le comte de Reus au sujet de cet article. Il a dit que si l'acte était de cette nature, s'il avait déterminé la destitution de l'amiral La Gravière, on ne pourrait concevoir maintenant que, à l'arrivée de nouveaux renforts de troupes françaises à Vera-Cruz, le général Forey eût salué le drapeau mexicain et fait défiler ses troupes devant lui. Messieurs, pour moi, ce dernier fait est parfaitement logique et renferme une haute pensée politique.

Que veut dire le drapeau mexicain arboré sur les murs de la Vera-Cruz, émancipé du gouvernement de Juarez, là où n'atteint pas le poids de fer de son autorité? Qu'est-ce qu'il signifie? Qu'il est le drapeau du pays, le pavillon de la nation.

Et que signifie le fait lui-même? Que l'on salue le pavillon d'une nation dont on veut respecter l'intégrité et l'indépendance.

Que signifie le pavillon arboré sur une place par une exigence du gouvernement de Juarez? Il veut dire que c'est le pavillon de Juarez.

Ainsi ce fait montrera que, tandis que le drapeau mexicain est salué sur les murs de Vera-Cruz, où l'on n'obéit pas à Juarez, ce même pavillon est en même temps reçu à coups de canon, quand il est arboré par les généraux des forces de Juarez.

Je trouve ce fait non-seulement diplomatique, mais encore hautement politique, parce qu'il signifie à l'avance qu'on ne veut diviser ni porter atteinte à l'indépendance de la nation mexicaine.

M. Bermudez de Castro.

Qu'il n'y a pas lieu de combattre Juarez.

J'ai la conscience d'avoir bien fait, en m'opposant à la première expédition, comme j'ai également la conscience d'avoir bien fait, en sollicitant d'aller commander la seconde ; et, vu la tournure qu'ont pris les choses, j'ai la conviction que le gouvernement de Sa Majesté a bien fait, en accueillant favorablement ma demande.

Durant ma carrière, toutes les fois qu'il y a eu occasion de combattre, les généraux en chef, qui ont toujours eu la bienveillance de bien me recevoir, m'ont toujours vu arriver avec ce genre de demandes.

Général PRIM.

9 Décembre.

Nos soldats ne retourneront pas au Mexique; car il n'y a pas nécessité qu'ils y retournent. Qu'iraient faire les soldats espagnols au Mexique? Demander des réparations? Le gouvernement de la république est désireux de les donner! Demander des garanties? Ce gouvernement veut fournir toutes celles qu'il possède. Ils iraient donc opprimer la nationalité et la liberté politique du Mexique, et cela, ni le gouvernement actuel, ni aucun autre ne le voudra. D'où je conclus que les soldats espagnols ne retourneront pas au Mexique.

Général PRIM.

11 Décembre.

Dans les instructions données au comte de San Antonio le 11 septembre, on remarque ceci :

« Nos braves marins et soldats donneront de nouvelles preuves de leur constance dans les souffrances, de leur valeur dans les dangers et de leur inépuisable amour pour le trône et pour la patrie, dont ils rehaussent la gloire par leurs vertus. »

Si le but était de donner des conseils amicaux, de tendre une main amie à un peuple malheureux, quelle gloire pouvaient acquérir nos soldats et nos vaillants marins?

M. Bermudez de Castro.

Transports.

De ce qui a été dit, il semble, Messieurs les Sénateurs, que si nous eussions dû marcher au bruit de guerre à l'époque où nous avons marché au bruit de paix, nous n'eussions pu sortir de Vera-Cruz. Non! non! mille fois non! J'ai une trop grande expérience en toutes ces choses pour avoir jamais exposé les armes de Castille à une catastrophe. Pour cela, j'ai ri en moi-même en apprenant qu'un orateur avait dit autre part « que si les généraux Ruvalcaba et Gasset eussent commandé les forces espagnoles, en quinze jours on serait arrivé à Mexico. » J'estime tout ce que vaut le mérite de ces généraux. Je les tiens pour expérimentés et vaillants; mais, à moins qu'il ne leur soit permis de reproduire le miracle des pains et des poissons, assurément il ne leur eût pas été possible de traverser le désert comme le traversa l'armée de Moïse.

Général Prim.

Puisqu'il n'y avait pas de moyens de transports, puisque les troupes marchaient de Vera-Cruz aux points désignés de Cordoba, Orizaba et Tehuacan pour y traiter avec le gouvernement mexicain et pour entrer en négociation, que serait-il arrivé si le gouvernement mexicain, avait fermé les oreilles à toute proposition raisonnable? Puisqu'il n'y avait pas de transports pour arriver jusque là, quels transports avait-on pour rétrograder jusqu'à Paso-Ancho?

Car cela était possible, puisque cela avait été stipulé dans la convention, quels moyens avait-on pour forcer les positions mexicaines? Si les transports manquaient pour aller de Vera-Cruz à ces points, ne manquaient-ils pas également pour suivre sa marche jusqu'à Mexico? Telle est, Messieurs, la réflexion que je vous faisais. Réflexion qui n'est pas essentiellement militaire, mais comme l'on touche à cette branche spéciale, je la présente à la considération du Sénat, avec une très grande défiance.

Mais, Messieurs, on dit qu'il n'y avait pas de transports, ce que je ne peux croire. Il y a un témoignage qui fait foi, c'est une dépêche du ministre plenipotentiaire d'Espagne et général en chef en même temps, qui dit le contraire. Sous la date du 6 février, le comte de Reus écrivait au gouvernement de Sa Majesté.

« Par la note collective, Votre Excellence sera bien informée de notre ferme résolution d'avancer jusque dans l'intérieur. Nous eussions déjà mis cette résolution à exécution, si nous n'eussions été arrêtés par les obstacles qu'offre le manque de transports.

« Mais grâce à l'activité efficace avec laquelle le digne capitaine-général de l'île de Cuba, nous fait parvenir les éléments nécessaires pour entreprendre le mouvement, et grâce également aux efforts que l'on a fait ici, pour réunir des charrettes, des attelages et des animaux de charge, j'espère que, sous quinze jours, nous pourrons nous mettre en marche.

« Il est probable que les troupes mexicaines ne s'opposeront pas à notre marche; mais si le contraire arrivait et qu'ils nous obligeassent à faire usage de la force, dès le premier fait d'armes qui nous aura donné la victoire, quel que soit le nombre de nos ennemis, il sera nécessaire d'agir avec énergie et vigueur, en nous appropriant tous les éléments de guerre que le pays lui-même peut offrir. »

Cette communication est du 7 février. Les quinze jours expiraient le 22, et le 19 avait lieu le traité de la Soledad. Jusqu'au commencement de mars et même à une date assez avancée dans le mois, les troupes n'étaient pas en route et par conséquent il y a eu ces quinze jours et autres quinze jours encore, durant lesquels on eût pu compléter les transports que le comte de Reus espérait voir réunir.

Par conséquent, Messieurs, s'il n'y a pas eu d'autre raison que le manque de transports pour établir les préliminaires de la Soledad, je ne peux que me voir dans la pénible nécessité de dénier ou ce que disait le comte le 7 février, ou ce qu'il a dit les jours derniers dans son discours.

M. Bermudez de Castro.

El Eco de Europa

(Journal du quartier-général espagnol.)

« Un mot, et nous avons fini. Il y a des personnes

dont le nom même est un programme ; il y a des individualités qui sont le symbole d'une grande entreprise ; et la *personne* et le nom du général Prim sont le *symbole* et le *programme de cette expédition.* Le Mexique et le monde entier le connaissent et l'admirent, et plus d'un cœur mexicain bat aujourd'hui au seul souvenir de ses merveilleux exploits. C'est que nous avons là un noble capitaine *que la Grèce et Rome auraient élevé au rang de leurs dieux*, un héros qui, au moyen âge, aurait été *le fondateur d'une* DYNASTIE DE ROIS, et qui a su un jour ressusciter la terrible poésie des combats d'Homère ; nous avons là un glorieux paladin, qui, comme soldat, est un foudre de guerre, un foudre de gloire, et, comme homme d'État, se montre l'ami le plus sincère de toutes les réformes politiques qui font le bonheur des nations. De quelque côté que flamboie son épée, la victoire est certaine. Partout où retentit sa voix, le triomphe de la liberté et le progrès du siècle sont choses assurées. S'il était possible d'ajouter quoi que ce soit à la confiance inspirée par la grandeur des puissances alliées, le Mexique trouverait une garantie nouvelle dans le comte de Reus.

« Le héros de Castillejos débarqua le lendemain matin, 8 février. Il monta à cheval sur le quai, et escorté de vaillants officiers et d'un brillant état-major, il se dirigea vers son quartier-général, admiré par la multitude qui s'amassait en groupes pour le regarder *avec extase.*

« A l'arrivée du général Prim, l'aspect de la ville fut changé ; elle prit un air de fête et de joie qu'on n'y avait jamais vu autrefois. *C'est sa présence seule* qui produisit cet effet ; après son discours énergique, cette allégresse continua son cours, et elle fut complétée par la promptitude et l'*habileté* de ses mesures.

« Pour condenser nos remarques afin de nous bien faire comprendre, *nous personnifions la pensée de l'expédition en un seul de ses représentants, le comte de Reus* ; et il nous est bien permis de le faire sans apparence de vanité nationale, car le plénipotentiaire espagnol, quoiqu'il ait toujours agi de concert avec les plénipotentiaires des deux autres nations, a été le mobile et le conseiller de toutes les mesures qui ont été adoptées. En un mot, c'est l'*âme* de l'entreprise.

« Il était naturel qu'il en fût ainsi, car le comte de Reus, a la même origine que le peuple auprès duquel l'Europe allait agir ; c'était naturel aussi pour d'autres raisons qui sont exclusivement *personnelles.*

« Ceux qui connaissent l'histoire d'Espagne connaissent le comte de Reus, et ceux qui connaissent le comte de Reus comprendront l'étendue des sacrifices qu'a dû lui coûter l'accomplissement de sa glorieuse mission.

« Figurons-nous bien le conquérant d'Afrique, au milieu de sa brillante pléïade de guerriers, soupirant après le danger et la gloire, et à la tête d'une phalange de vétérans, qui le regardent presque *comme un dieu.* Contemplons-le devant un peuple, qui l'invite aux combats, qui le provoque à mesurer son épée, et nous pouvons nous faire une idée, de ce qu'il lui en a coûté, pour demeurer tranquille et paisible en face des champs de bataille qui s'offraient à lui, et pour sacrifier ses instincts et ses habitudes sur les autels de la paix, de la justice, de l'humanité, au but généreux d'épargner au Mexique l'effusion du sang.

« Cette conduite n'est pas seulement digne d'admiration, elle causera de l'étonnement dans toute l'Europe où le comte de Reus est mieux connu qu'ici, pour ses exploits romanesques et sa chevaleresque valeur. L'Europe reconnaîtra difficilement le héros de Reus et de Tétuan dans le calme et prudent plénipotentiaire de la Véra-Cruz, etc. Si le général Prim s'était laissé emporter par ses instincts belliqueux, le monde n'y aurait vu rien d'étrange, car ce n'eût été, de sa part, qu'ajouter *un sujet de plus à sa galerie de tableaux héroïques*; *et le monde est accoutumé à cela.*

« Ce qui semble nouveau dans sa vie, c'est l'héroïsme de sa patience, et c'est heureux. La conduite du comte de Reus n'a pas seulement servi à dissiper les doutes du gouvernement mexicain ; elle exerce partout une influence *magique* sur l'esprit des populations, etc.

« Au Mexique, ses amis disent de lui qu'il est *l'ange exterminateur*, *l'ange de consolation*, *le lion de la bataille*, *le demi-dieu de la guerre*, et, pour faire son portrait, *Homère l'eût comparé à Mars.* »

El Eco de Europa.
(Journal du quartier-général espagnol.)

Le comte de Reus déclare qu'il était bien vrai que *El Eco de Europa* n'imprimait absolument rien sans son approbation.

(Procole de la Conférence d'Orizaba du 9 avril 1862, signé par les représentants des trois puissances alliées.)

Mais ce qui aviva les soupçons de quelques-uns, ce furent les éloges que *el Eco de Europa* faisait de ma personne. Par exemple en parlant des Espagnols et de leurs qualités comme hommes de guerre, il disait que le comte de Reus était un homme valeureux, très-valeureux. Voilà une nouvelle ! Y a-t-il par hasard un seul Espagnol qui ignore que le comte de Reus a été et est un bon soldat ?

Et que disait encore de ma personne l'Echo de l'Europe ? Que je m'entendais en matière de guerre, que j'étais un homme de bonne éducation, un homme doux, un homme libre. Eh bien ! si tout cela est la vérité, pourquoi *el Eco de Europa* ne pouvait-il pas le dire, quand son but était de faire connaître aux Mexicains le général en chef des troupes espagnoles, afin qu'ils eussent en lui et au gouvernement qui l'envoyait, une confiance plus grande ?

Le général PRIM.

En vue de ses antécédents autant que des imprudentes publications des journaux, soit mexicains, soit étrangers, soit de la Péninsule qui, pour les jours où ils se publiaient, flattaient en apparence les sentiments de nationalité et enthousiasmaient cette fibre si délicate que tous reconnaissent chez les Espagnols ; en vue de tout cela *on arrivait à présumer qu'un particulier, quelque respectable qu'il fût, pouvait s'asseoir sur le trône du Mexique*. J'ai ici tout ce qui a été publié là-dessus.

Marquis de NOVALICHES.

Ce fait (*de personnifier la pensée de l'expédition en un seul de ses représentants, le comte de Reus*) se publiait au quartier-général espagnol. Franchement, je crois que si cela avait été publié au quartier-général français, et j'en suis convaincu, connaissant comme je connais le comte de Reus, il aurait protesté immédiatement contre de semblables appréciations.

M. BERMUDEZ DE CASTRO.

Rembarquement des Anglais.

Aussitôt que les ministres anglais eurent connaissance des plans qu'apportait M. Almonte et de l'arrivée prochaine des renforts de troupes françaises, ils prévirent des événements étrangers à la mission qui avait conduit les alliés au Mexique. Ils m'annoncèrent verbalement que le bataillon de la marine royale, qui avait fait ses préparatifs pour marcher sur Orizaba, serait rembarqué le jour suivant; mais que pour eux ils continueraient à faire partie de la conférence, quel que fût le lieu où elle se réunirait. (*Dépêche du général* Prim.)

Mais si dans ce moment il y eut quelqu'un qui, en trompant le marquis le los Castillejos, lui ait fait croire le contraire de ce qui existait ? N'a-t-il pas dit, qu'au moment où il apprit l'arrivée d'Almonte, protégé par les Français, les commissaires anglais se présentèrent pour lui dire que le bataillon de la marine royale anglaise, prêt à marcher vers Orizaba, allait se rembarquer le jour suivant (je crois que ce sont là les paroles textuelles autant que la mémoire peut les retenir). Cette déclaration, Messieurs, sans aucun doute, ne devait-elle pas avoir une force considérable sur l'esprit du marquis de los Castillejos? Si les plénipotentiaires anglais se présentent et lui disent : La chose est si grave que nous commençons par rembarquer les troupes que nous avions destinées à marcher sur Orizaba, que devait faire le comte de Reus ? Je conçois et j'excuse la résolution qu'il eût pris. Mais est-ce que les ministres anglais lui disaient la vérité ? Non, Messieurs, ils le trompaient, de même aussi quand ils lui firent croire que le gouvernement anglais approuvait la proclamation au peuple mexicain tandis que les termes de cette désapprobation disent le contraire.

Ils le trompaient, je le répète (en voici la preuve), lord Russell écrivait à lord Cowley, ambassadeur anglais à Paris, sous la date du 11 mars :

« J'ai également informé le comte de Flahaut des ordres que nous avions donnés et de ceux que nous allions envoyer pour le rembarquement des troupes de marine à l'approche de l'époque de l'épidémie. *Je lui ai démontré par les documents imprimés pour le Parlement que ces instructions n'étaient pas nouvelles, mais bien une continuation de nos déterminations antérieures.* »

Lord Cowley répondit le 14 mars au comte Russell ce qui suit :

« M. Thouvenel m'a manifesté hier un grand déplaisir en apprenant par M. de Flahaut qu'on avait envoyé des ordres à la Vera-Cruz, pour rembarquer les troupes de marine avant le moment de l'arrivée de la saison des maladies. Son Exc. a exprimé l'espérance que si les forces de marine de Sa Majesté s'étaient avancées jusqu'à Jalapa, où le pays est salubre, on leur aurait permis d'y séjourner.

« Je lui ai répondu qu'il devait se rappeler *que dès le premier instant* où l'on pensa à l'expédition, le gouvernement de Sa Majesté avait déclaré qu'il ne pouvait fournir aucune force de terre, et que celle de marine ne pouvait séjourner à terre durant les mois insalubres. »

Le Sénat voit ici que le rembarquement de ce bataillon

de marine *était déjà ordonné*, puisque des instructions avaient été envoyées à cet effet aux plénipotentiaires anglais.

Mais je sais ce que l'on va me répondre. Les ordres étaient-ils arrivés à Vera-Cruz ? Parce que si sir Charles Wyke les ignorait, sans aucun doute on ne peut l'accuser de mauvaise foi pour avoir dit le contraire.

Si les plénipotentiaires anglais ignoraient ces ordres, qui n'étaient pas encore parvenus à Vera-Cruz et n'étaient pas connus d'eux, tout naturellement mon argument est défectueux et croule par sa base. Mais s'ils les connaissaient ces ordres ? Alors mon argumentation subsiste tout entière, et ils usèrent de perfidie envers leurs collègues.

Le Sénat peut voir si les plénipotentiaires anglais disaient la vérité, quand ils déclarèrent au comte de Reus, qu'ils allaient ordonner le rembarquement des troupes de la marine royale, à cause du fait de l'arrivée d'Almonte et de la protection que lui accordaient les Français.

Vera-Cruz 1er mars, c'est-à-dire vingt-trois jours avant que le plénipotentiaire d'Espagne prît la résolution de rembarquer les troupes.

« Sir Charles Wyke au comte Russell, n° 76 des documents présentés au Parlement.

« Dans la dépêche du 27 janvier, votre Seigneurie m'ordonne de ne pas m'opposer à ce que les troupes de marine se retirent de Vera-Cruz quand commenceront les mois insalubres.

« Loin de m'y opposer, je profite avec beaucoup de satisfaction de la permission qui m'est donnée, d'autant plus que le Commodore et moi avons assumé une grande responsabilité en permettant à nos marins de s'avancer jusqu'à Orizaba.

« Les instructions du Commodore étant conformes aux miennes, nous avons déterminé de transporter nos forces de marine à Vera-Cruz et de les embarquer pour les Bermudes, aussitôt que nous aurons les moyens de transports. »

Le Sénat comprend-il toute l'importance de ce document ? Le Sénat comprend-il l'effet que pouvaient avoir sur l'esprit vacillant du ministre d'Espagne, les paroles des plénipotentiaires anglais, lui annonçant qu'ils rembarquaient leurs troupes à cause de la question du général Almonte, *quand plusieurs jours avant* ils avaient écrit à leur gouvernement qu'ils l'exécuteraient aussitôt qu'ils auraient des transports?

C'est pour cela que j'ai dit que mon opinion était qu'il existait un plan de rompre l'expédition, et que par malheur ceux qui avaient proposé ce plan étaient parvenus à le mettre à exécution.

M. Bermudez de Castro.

Parti conservateur au Mexique.

Etant moi-même sur les lieux, j'ai constaté que les partisans de la monarchie n'existaient pas. Car s'il en avait existé durant les deux mois que les alliés sont demeurés là avec leurs drapeaux flottants sur Vera-Cruz, Tegeria, Medellin et Santafé, ces partisans monarchiques se seraient laissés voir et entendre. Ils eussent fait enfin quelque chose pour donner à connaître leur existence.

Général Prim.

Bien que ce soit anticiper sur quelques-unes des considérations que j'ai à présenter au Sénat, je dirai que pour que le parti réactionnaire eût été annihilé, cela ne me paraît pas être prouvé, quand je vois les décrets sanguinaires de Juarez. Si ce parti était annihilé en effet, il n'était pas nécessaire d'imposer la peine de mort pour toute action de ce parti, fût-elle même la plus innocente.

Mais il y a une phrase, une pensée que M. Barrot a mise dans la bouche de M. le Président du conseil et dont je veux m'occuper, parce qu'elle sert de réponse à quelques-unes des idées émises par M. le comte de Reus.

« Nous verrons, a dit le président du Conseil, ce que fera le parti conservateur au Mexique s'il se présente ; car il y a trois mois que nous sommes ici, et il n'a pas encore donné signe de vie. Mais comment pouvait-il se présenter ? »

Peut-il entrer dans la pensée de MM. les Sénateurs ou de toute autre personne qui ait suivi ou qui soit disposée à suivre avec attention le cours des événements, que l'on puisse présumer ou imaginer pour un instant, que le parti conservateur mexicain ait pu se présenter? Si, dès le principe, si dès le moment du débarquement de l'expédition, on lança une proclamation dans laquelle on disait *que l'on reconnaissait le gouvernement de Juarez, et si l'on ne faisait pas de réclamations contre les décrets sanguinaires que dictait ce gouvernement, comment le parti réactionnaire pouvait-il se présenter?*

. . . .

Le Sénat veut-il savoir quel était l'état du Mexique peint, non par un conservateur, ni par l'envoyé d'une puissance professant des doctrines conservatrices, mais peint par sir Charles Wyke, ministre d'Angleterre, lui-même? Bien que je puisse fatiguer l'attention du Sénat, comme je crois que cette observation sera utile, je vais lire ce que sir Wyke écrivait à son gouvernement le 27 mai 1861, c'est-à-dire peu de mois avant l'expédition :

« Cependant le Congrès, au lieu de donner au gouvernement la force d'en finir avec les horribles désordres qui règnent de toutes parts dans ce pays, s'entretient de disputes sur différentes théories du prétendu gouvernement et des principes ultra-libéraux. *Pendant ce temps, la partie respectable de la population est livrée sans défense aux attaques des voleurs et des assassins qui pullulent sur les chemins et dans les rues de la capitale.* Le gouvernement constitutionnel ne peut maintenir son autorité dans les divers États de la confédération qui, de fait, se font parfaitement indépendants ; de manière que les mêmes causes qui divisèrent la confédération de l'Amérique centrale et qui agissent ici produiront probablement le même résultat.

« L'unique espérance de changement avantageux que je puisse entrevoir (que le Sénat le remarque bien) se trouve dans le petit parti conservateur, qui peut arriver au pouvoir avant que tout soit perdu, et qui peut sauver son pays de la ruine qui le menace.

« Dès le moment où nous ferons connaître notre détermination de ne pas permettre plus longtemps que les sujets anglais soient volés et assassinés impunément, nous serons respectés. Tous les Mexicains sensés approuveront une mesure qu'ils sont les premiers à reconnaître nécessaire, afin de mettre un terme aux excès qui, chaque jour et à toute heure, se commettent sous un gouvernement aussi corrompu qu'impuissant à maintenir l'ordre et à faire exécuter ses propres lois. »

Et encore le 28 octobre, quand déjà l'expédition était décrétée, le même ministre disait :

« L'expérience de chaque jour tend seulement à prouver combien il est tout à fait absurde de chercher à gouverner ce pays avec les facultés limitées qui sont accordées au pouvoir exécutif, par la présente constitution ultra-libérale. Je ne vois d'espérance d'amélioration que dans la venue d'une intervention étrangère, ou dans la formation d'un gouvernement raisonnable, composé des hommes principaux du parti conservateur, qui, quant à présent, manquent de valeur morale et craignent de se mouvoir à moins d'avoir quelque secours matériel du dehors. »

L'on voit si j'ai raison, quand je dis que le parti conservateur existe, mais qu'il est comprimé et qu'on ne lui a pas donné la possibilité, je ne dis pas de se développer, mais seulement même de faire acte d'apparition.

M. Bermudez de Castro.

Quelles sont les opinions du parti conservateur ? Quelles sont les opinions de ce parti que mon ami le comte de Reus a appelé réactionnaire, et qui peut passer ici pour un parti très-libéral, peut-être pour le parti auquel appartient Sa Seigneurie ? Quels sont ses principes ? Il pourra arriver jusqu'à la monarchie ; mais cependant jusqu'ici, il n'a soutenu que deux principes : la centralisation et l'unité religieuse. Eh bien, Messieurs, je crois qu'un parti où dominent ces deux principes, et dans lequel le principe centralisateur et celui d'unité religieuse sont forts, je crois, dis-je, que ce parti peut substituer la monarchie à la république ; cela coïncide complétement avec les idées de M. Luzuriaga et de M. le comte de Reus. Il n'y a donc pas de parti réactionnaire.

. . . .

Le parti conservateur n'a pas eu besoin de secours et de forces étrangères pour arriver au pouvoir. Il l'a conquis par ses propres forces, tandis que le parti fédéral, rappelons-nous-le, a été appuyé par les étrangers au moyen d'une action qui ne mérite d'autre qualification que celle de piraterie. C'est ainsi que ce parti n'a pu s'élever tant que les États-Unis ne se sont pas décidés à lui prêter leur appui, et que l'élévation de Juarez est due à ce gouvernement. C'est là la vérité.

Marquis DE LA HABANA.

Le marquis de los Castillejos est allé à la Havane prendre le commandement de l'expédition; et à la Havane, ainsi que lui-même le déclare avec loyauté et avec une franchise militaire, les Mexicains conservateurs, les Mexicains réactionnaires, les Mexicains monarchistes, les Mexicains ennemis de Juarez, comme vous voudrez les appeler, se sont approchés de lui, comme cela était naturel. Ils trouvèrent chez notre plénipotentiaire une désillusion inopinée et complète qu'il ne leur était pas donné de prévoir.

Première apparition et disparition des Mexicains conservateurs.

Le marquis de los Castillejos arrive à la Vera-Cruz. Là, d'après ses propres rapports, par le témoignage de la voix publique, par tous les témoignages qu'on peut invoquer et qui attestent la vérité sur cette matière, il détrompe une seconde fois les Mexicains ennemis de Juarez.

En somme, la conduite du marquis de los Castillejos a été une constante opposition, une constante répulsion aux tendances, aux vues, aux désirs des cléricaux, des monarchistes, des réactionnaires, des Mexicains ennemis de Juarez.

Et le marquis de los Castillejos dit, si je me le rappelle bien, ses amis le répètent, le gouvernement de S. M. le manifeste, M. Moreno Lopez le déclare et le déplore, aucun monarchiste ne se présentait. Il n'y a pas de monarchistes : comment donc pouvait-on établir la monarchie ?

Nous autres, ajoutent-ils, nous eussions bien désiré la monarchie, nous ne voulons pas autre chose, nous voudrions bien établir la monarchie, mais elle n'y a pas de partisans. Où étaient donc les monarchistes ? Où étaient-ils ? Ils étaient à la Havane, à la Vera-Cruz, et partout où est allé le marquis de los Castillejos, jusqu'à ce que le marquis les ait expulsés de toutes parts.

A la Vera-Cruz arrive Miramon, et le Commodore anglais, obéissant aux instincts et aux traditions du caractère anglais, commet un attentat contre Miramon. Le marquis de los Castillejos intervient pour empêcher les conséquences graves de cet attentat. Mais intervient-il pour protéger Miramon ? Intervient-il dans un autre sens ? Non. Il va même jusqu'à déplorer que Miramon ait commis l'imprudence de se présenter au Mexique. De manière que les monarchistes qui se présentent sont renvoyés, et quand ils sont partis, alors on demande où sont les partisans de la monarchie ?

M. Rios Rosas.

Renforts français.

« Votre Excellence décidera s'il convient à la réputation de notre nation que les forces Impériales soient plus nombreuses que celles de Sa Majesté. Pour ma part je crois que l'élément espagnol doit prédominer, autant parce que nous avons de plus grands liens que les autres nations avec ce pays, que parce que notre gouvernement a pris l'initiative de cette importante entreprise.

. . . .

« L'arrivée à la Vera-Cruz du général comte de Lorencez, et la prochaine venue de forces militaires françaises supérieures en nombre à celles que primitivement l'amiral Jurien menait sous ses ordres, ont produit une vive alarme dans le Cabinet Mexicain et dans tout le parti politique qui domine aujourd'hui dans cette république. »

(*Dépêches du général* Prim).

Quoi! Messieurs, le gouvernement français, qui avait désapprouvé la proclamation et l'ultimatum, qui, bien que les publications indiquées manquassent de fondement, voyait son pavillon représenté seulement par deux mille hommes, et pouvant paraître ne faire qu'un rôle peu digne, ne devait pas penser à renforcer les troupes qu'il avait au Mexique et envoyer un général de division, le comte de Lorencez, homme d'énergie et de courage, en lui donnant des instructions afin que ses agents diplomatiques agissent comme il convenait?

Est-ce qu'il y a là rien de particulier? Qu'eût fait la nation espagnole dans un cas semblable? Qu'eussions-nous fait nous-même si, *au lieu de la position très-avantageuse que nous avaient accordée les alliés*, le comte de Lorencez s'était présenté à la tête de sept mille hommes; s'il eût consenti à la publication d'un journal qui élevât aux nues ses qualités et ses actes, sans jamais s'occuper des deux mille Espagnols sous les ordres de l'un des très-dignes chefs de brigade de notre armée? Eussions-nous regardé cela avec tranquillité?

Assurément, non. Donc pourquoi présenter ici comme un grand argument tout ce qui a été dit. Pourquoi prétendre que cela avait influé sur l'esprit du gouvernement pour approuver la conduite du plénipotentiaire avant de l'avoir entendu?

Le marquis de NOVALICHES.

« L'augmentation des forces françaises destinées au Mexique a une explication facile et naturelle. Le gouvernement de Sa Majesté comprend et considère comme bonne une mesure qui contribuera sans doute à faciliter l'issue de l'expédition. »

(*Dépêche de M.* COLLANTES *à l'ambassadeur espagnol à Paris*).

Donc, s'il en est ainsi, pourquoi veut-on faire considérer l'augmentation des forces comme la source des maux qui depuis sont arrivés?

Il y a encore un autre document qui prouve clairement ce que j'avance, sans qu'il fût nécessaire que M. le Ministre eût prononcé les paroles que je viens de lire. Ce document se trouve parmi ceux qui ont été présentés au Parlement anglais, que Sa Seigneurie doit connaître et doit avoir lus.

Le comte Russell disait à lord Cowley, ambassadeur de S. M. Britannique à Paris, sous la date du 20 janvier, ce qui suit :

« Hier j'ai vu le comte de Flahault. Son Excellence m'a informé qu'il avait l'ordre de me dire, que le gouvernement français regardait comme nécessaire d'envoyer un plus grand nombre de forces de terre au Mexique.

« Le comte de Flahault a continué en me disant que le pas précipité qu'a donné le général Serrano en commençant les opérations sans attendre la réunion des forces de la France et de l'Angleterre, aurait pour résultat d'augmenter les difficultés de l'expédition. Il paraissait maintenant inévitable que les troupes alliées eussent à avancer vers l'intérieur du Mexique, et que non-seulement la force convenue ne serait pas suffisante pour une semblable opération, mais encore que cette opération elle-même prendrait un caractère devant lequel l'Empereur ne pouvait consentir que les troupes françaises fussent dans une position inférieure à celles de l'Espagne, sans courir le risque de se voir compromis. »

Messieurs, acceptons pour exact l'argument du ministre d'État, convenons, par pure hypothèse, que l'augmentation des forces françaises ait produit tous les tristes résultats que nous déplorons aujourd'hui, comme l'a assuré si péremptoirement le même ministre, et d'après son argumentation, si cela est certain, à qui en est la faute ? A qui doit-on que le gouvernement français ait augmenté ses forces dans ce pays ? Cela est dû seulement au départ précipité de l'expédition. C'est encore à cette précipitation qu'on doit que le gouvernement de Sa Majesté n'a pas adressé au général Serrano les ordres convenables pour l'exécution desquels, sans cela, il eût eu le temps bien suffisant.

On voit si cela a eu des conséquences.

M. Bermudez de Castro.

« La troupe anglaise qui avait préparé ses moyens de transport pour venir à Orizaba, s'est rembarquée, en apprenant qu'il arrivait un nombre plus grand de soldats que celui qui avait été stipulé. V. M. appréciera l'importance de cette retraite. »

Voilà ce qu'écrivait le général Prim à l'Empereur, et en cela il y a une erreur ; car on n'avait point stipulé le nombre de troupes. L'Empereur a cru qu'il était nécessaire d'aller directement à Mexico pour y dicter la paix ; il a jugé convenable d'envoyer un général d'un grade supérieur, afin qu'il allât dicter la paix à Mexico.

M. Mon, *ancien ambassadeur.*

Emprunt forcé.

Pour lors, sir Wyke reçut la nouvelle que le gouvernement du Mexique poursuivait ses exigences envers nos compatriotes de 2 pour cent sur les capitaux, et imposait en outre un emprunt forcé de 500,000 piastres sur six maisons, dont je croyais que trois étaient espagnoles. Je m'étais trompé en ce point, car il n'y en avait qu'une, elle était hispano-américaine et *c'était la mienne.* A l'instant j'écrivis à Doblado, ministre de Juarez, lui demandant des explications sur ce fait particulier. Il me répondit d'une manière arrogante; je dis aussitôt à M. Jurien de La Gravière qu'il fallait que la conférence se réunît promptement, afin de traiter de ce fait; car s'il convenait de commencer le feu, il fallait le faire pour la en défense des intérêts de nos concitoyens et non pour des choses injustifiables.

Général Prim.

Le Sénat sait tous les excès des Mexicains; il sait cet emprunt forcé sur certaines maisons déterminées; il sait la contribution extraordinaire de guerre; il sait les exigences de Doblado sur la douane de Vera-Cruz, et *alors, seulement alors*, le plénipotentiaire de Sa Majesté crut que cette arrogance des Mexicains ne se pouvait tolérer davantage. Il y eut un moment alors où il se décida à abandonner ses idées pacifiques et à commencer les hostilités contre Juarez.

Marquis de la Habana.

Juarez.

Dans ce sens, je disais moi, que ce gouvernement n'avait pas d'autorité. Je ne pouvais le dire d'une autre manière, car je savais qu'il l'avait cette autorité et très-grande dans le pays. La preuve de cette autorité M. Bermudez de Castro voudra bien ne pas le perdre de vue, c'est que Juarez n'est pas général, mais magistrat. Et quand un magistrat est président d'une république, et d'une république bouleversée depuis tant d'années, alors qu'il existe tant de généraux pour commander les troupes, c'est que ce magistrat a quelque valeur, et qu'il vaut beaucoup. Cela prouve qu'il a l'autorité sur tout, que Sa Seigneurie ne l'oublie pas.

A propos de cela, je me rappelle, et Messieurs les sénateurs me permettront ce souvenir; une personne que j'estime et que j'apprécie beaucoup, en parlant du discours que j'ai eu l'honneur de prononcer devant le Sénat, me disait : Tout m'a paru bien, excepté l'éloge que vous avez fait de Juarez. Je lui ai répondu : Mon ami, je ne puis ni ne dois tromper mon pays, et je dois lui dire ce que j'ai vu, ce que j'ai touché. Je ne puis dire que Juarez soit un méchant homme, quand je n'ai pas rencontré un seul de ses ennemis, ni un seul de ceux qui le combattent depuis tant d'années les armes à la main, qui m'ait dit que Juarez était un mauvais homme.

Une preuve que Juarez n'est pas un méchant homme, et qu'il n'est pas un homme nul; c'est qu'étant magistrat, il commande avec son frac noir à tous les généraux qui existent dans la république.

Général Prim.

« La France, l'Angleterre et l'Espagne se sont mises d'accord pour obtenir les réparations dues aux offenses qu'elles ont reçues, et les garanties nécessaires pour que ne se répètent plus au Mexique les *intolérables attentats qui ont scandalisé le monde et offensé l'humanité.* De cette manière se réalisera la pensée à l'exécution de laquelle ont constamment tendu les efforts de mon gouvernement. »

(*Discours de la reine d'Espagne.*)

« Un semblable procédé démontre que le gouvernement de Juarez n'est pas disposé à modifier sa conduite antérieure, ni à procéder d'accord avec les principes de la justice et du droit. Mais bien plutôt qu'il persévère dans son dessein de persécuter les étrangers et particulièrement les Espagnols, objets *privilégiés* de son animadversion, malgré la noblesse et la générosité avec laquelle le gouvernement de la reine se conduit à l'égard de ce pays. »

(*Dépêche de* M. Collantes.)

Le gouvernement de Juarez, ce gouvernement que *je ne considère pas comme digne de la défense* de l'illustre comte de Reus, a commis l'attentat inouï de chasser honteusement de ce pays l'ambassadeur de la reine d'Espagne.

Le marquis de Miraflores.

Juarez est le chef des persécuteurs et des assassins des Espagnols au Mexique.

(*Le ministre des affaires étrangères espagnol.*)

Je ne suis pas entièrement d'accord avec l'appréciation que mon ami le comte de Reus a fait du gouvernement de Juarez. Je crois, et que sa Seigneurie me permette l'expression, je crois que c'est une espèce de sarcasme que de donner le nom de libéral à un parti quelconque parmi ceux qui se disputent le pouvoir au Mexique. Là il n'y a qu'anarchie, là il n'y a que dictature avec une tyrannie horrible, là il n'y a que proscription pour les vaincus, là il n'y a que les vainqueurs qui écrivent. Cela n'est pas un parti libéral ; pour moi, je ne puis le considérer comme tel, et en Europe cela ne peut mériter un semblable nom.

Mais il y a plus, Juarez, comme Mexicain, porte, selon moi, une tache que jamais il ne pourra effacer. Juarez a signé un traité par lequel il vend aux États-Unis des provinces à titre de nantissement pour deux ans en garantie d'un emprunt. Cela n'a pas été effectué parce que le Sénat de Washington a défait la convention. C'est là une tache que je ne sais comment peuvent l'envisager les Mexicains. Si j'étais Mexicain, je ne la lui pardonnerais jamais.

Mais faisant abstraction de tout cela, il existe entre Juarez et nous un abîme. Il y a des préjudices, il y a des offenses, et jusqu'à ce que ces offenses et ces préjudices soient vengés, il ne peut y avoir amitié entre le gouvernement de la nation espagnole et le gouvernement de Juarez.

Le maréchal O'Donnell.

Monarchie.

On a demandé si, quand je suis parti pour le Mexique, le gouvernement de la reine avait connaissance de ce qui se disait en France, relativement à la candidature de l'archiduc Maximilien d'Autriche. Oui, le gouvernement le savait. Le ministre d'État m'en parla et me donna les instructions nécessaires. Mais le gouvernement de la reine pouvait-il croire que les ministres de l'Empereur des Français voudraient imposer la monarchie et le monarque à coups de canon? Cela ne pouvait venir à sa pensée.

Général Prim.

La France n'a jamais prétendu imposer la monarchie ni toute autre forme de gouvernement aux Mexicains, ni à la baïonnette, ni à coups de canon. Mais pouvait-on être plus clair que dans les instructions qui étaient données au général Prim, d'après ce que le ministre d'État disait à son ambassadeur à Paris? Il lui parlait d'un gouvernement solide et stable soit avec la monarchie, soit avec toute autre forme, pourvu qu'elle fût soumise à la volonté des Mexicains.

Voici ce que le comte Russell écrivait à sir Charles Wyke, le 27 janvier :

« On dit qu'un grand nombre de Mexicains inviteront l'archiduc Maximilien à se placer sur le trône du Mexique, et que le peuple mexicain recevra avec plaisir ce changement. J'ai peu à ajouter à mes instructions à ce sujet. Si le peuple mexicain, par ce mouvement spontané, place l'archiduc sur le trône du Mexique, il n'y a rien dans le traité qui s'y oppose. »

C'est clair (c'est clair, dit à voix basse M. le président du conseil), c'est clair, oui; mais ce qui n'est pas clair, c'est que l'on parle de comprimer tous ceux qui pourraient influer sur un changement de gouvernement, tous ceux qui voudraient s'opposer à Juarez. Voilà qui n'est pas clair, puisque l'expédition allait là, afin de faire que les votes du peuple mexicain fussent librement exprimés.

Si l'on voulait empêcher le général Almonte de débarquer à Vera-Cruz parce qu'il se proposait d'influer dans l'élection d'un nouveau gouvernement, quels moyens allions-nous trouver afin que l'opinion du pays se prononçât librement? N'avons-nous pas vu, jusque dans les plus simples élections municipales, les électeurs se mettre préalablement d'accord?

Quoi donc! les électeurs doivent se présenter devant l'urne sans s'être réunis, sans s'être concertés entre eux sur le candidat qu'ils vont élire?

Donc, si ceux qui allaient travailler, soit en faveur de la monarchie, soit contre le gouvernement de Juarez, ne pouvaient pénétrer dans l'intérieur; si les Anglais rembarquaient Miramon, et si une autre fois le plénipotentiaire anglais et le plénipotentiaire espagnol rompaient les conférences, parce que Almonte marchait sous l'escorte d'un bataillon français, comment les électeurs pouvaient-ils se concerter entre eux? C'est un cercle vicieux dont on ne peut sortir.

La question de l'archiduc Maximilien était connue par le gouvernement bien avant la signature du traité du 31 octobre. Le ministre d'État, répondant à une interpellation d'un député, déclara que le gouvernement ne savait rien de cette candidature; puis, après mûre réflexion, il annonça qu'il le savait. Dès lors le gouvernement en fit l'aveu. Il y a encore la circonstance de la déclaration du marquis de los Castillejos, qui reconnaît qu'au moment de son départ pour le Mexique le gouvernement lui parla de cette candidature.

J'ai déjà lu une dépêche de l'ambassadeur à Paris, du 13 octobre, dans laquelle il est dit que M. Thouvenel voulut bien lui indiquer quelque chose sur la nécessité de voir régner un bon prince au Mexique. Et le ministre de Paris ne dit rien de plus au ministre d'État? S'il ne lui avait rien dit de plus, il eût manqué à son devoir, et je peux l'affirmer dès maintenant, M. Mon n'a jamais manqué au sien.

Je répète qu'il eût manqué à son devoir, parce que dans le discours de M. Billault il est dit positivement que la susdite indication qui a été faite à l'Angleterre au sujet de la candidature de l'archiduc, l'a été également à l'ambassadeur d'Espagne, précisément sous la même date qu'apparaît la dépêche ci-dessus.

D'où je conclus que non-seulement une fois, mais plusieurs fois, l'ambassadeur d'Espagne avait porté à la connaissance de son gouvernement la communication que lui avait faite le cabinet français.

M. Bermudez de Castro.

Cette candidature fut examinée à Paris, et l'on crut que si la constitution d'une monarchie était convenable et possible, le prince que l'on désignait serait également convenable.

Mais de quelle manière cela s'est-il fait à Paris, et qu'est-ce qui s'est fait? Que le ministre des affaires étrangères ait dit simplement à l'ambassadeur de Sa Majesté qu'on avait parlé de monarchie et qu'il trouvait acceptable comme candidat le prince Maximilien, c'est possible ; mais le gouvernement de l'Empereur a-t-il essayé, a-t-il donné motif de penser qu'il avait l'idée d'imposer la monarchie au Mexique? La première fois que l'on parla de cela ce fut le 13 octobre, et il fut dit à l'ambassadeur de Sa Majesté : « La France envoie deux mille cinq cents hommes ; l'Espagne, cinq mille : l'Empereur verrait avec plaisir que l'Espagne envoyât un plus grand nombre de troupes. »

Messieurs, voit-on ici le désir d'imposer la monarchie contre la volonté de l'Espagne, ou même un projet secret ? Non, Messieurs, c'est là une erreur ; c'était une question qui pouvait se débattre, mais qui ne pouvait avoir d'influence, et qui certes n'influa en rien sur la résolution que prit le comte de Reus de retirer ses troupes du continent américain.

Le marquis DE LA HABANA.

M. Thouvenel a adressé à M. Collantes une lettre, et cela je le dis parce que j'en suis certain, dans laquelle il l'autorisait à publier tout ce qui avait eu lieu, pourvu que la vérité fût dite, et la vérité était dans cette lettre. Pour l'honneur donc de l'ambassadeur d'Espagne, pour l'honneur de l'Espagne elle-même, pour l'honneur du gouvernement, Sa Seigneurie me permettra-t-elle de lire cette lettre ? (M. le ministre d'État répond que oui.) J'ai besoin d'une autorisation plus claire. Je ne suis pas le juge pour savoir s'il convient de lire ce que contient ce document adressé à Sa Seigneurie ; mais puisque Sa Seigneurie m'en donne la permission, je vais en faire usage, d'autant plus qu'elle ne la compromet en rien et qu'elle peut éclaircir les événements passés. Vous la connaissez, et vous savez quelle est cette lettre.

Le ministre des affaires étrangères, M. Thouvenel, déclarait, le 28 mai 1862, quand déjà étaient passées les graves questions qui ont surgi au Mexique, ce qui suit : « Qu'il n'avait à garder aucun secret sur le point qui se traitait; que l'unique chose qu'il demandait, c'était que ce que l'on dirait fût exact. » D'après M. Thouvenel, ce qui s'était passé était ceci :

« Le ministre m'a manifesté (dit la lettre) qu'il n'a aucun secret à garder sur ce point et que vous pouvez dire tout ce qui est advenu. La seule chose qu'il demande, c'est que ce qui se dira soit exact. D'après M. Thouvenel, ce qui est advenu est le suivant. Quand on commença à traiter de l'expédition, il manifesta à l'ambassadeur qu'il avait des motifs de croire qu'à l'arrivée des alliés au Mexique il apparaîtrait un parti monarchique, et que le gouvernement français verrait avec infiniment de plaisir que ce parti pût triompher; que, prévoyant cette éventualité, il avait naturellement examiné quels étaient les princes des familles régnantes qui se trouvaient en position d'occuper le nouveau trône; que, de prime abord, il avait dû reconnaître que si l'on pensait à un prince appartenant à l'un des pays qui allaient faire l'expédition, ce serait un motif d'inconvénients et de rivalités, et que pour cela il lui paraissait préférable d'écarter ceux qui se trouvaient dans ce cas.

Faisant abstraction des familles ci-dessus indiquées, l'archiduc se présentait en premier lieu comme le plus apte par ses qualités personnelles, par son âge, par ses habitudes du commandement, etc., etc., etc.

Ainsi donc M. Thouvenel avait dit à l'ambassadeur de Sa Majesté que ce prince paraissait le meilleur, celui en qui l'on pût penser; qu'il n'avait pas dit autre chose que cela et qu'il était prêt à le ratifier; mais si l'on ajoute quelque chose de plus, c'est-à-dire si l'on veut donner à entendre que la France avait voulu imposer au Mexique la monarchie ou imposer le prince Maximilien comme souverain, elle le nierait formellement ; d'autant que cela n'a point été dit alors ni maintenant. Les représentants au Mexique ne l'avaient point dit ; ils n'avaient pas même consenti que le général Almonte en parlât. Ses proclamations sont là, et par elles l'on peut voir qu'il n'a pas fait la plus petite allusion à l'archiduc ; que cette déclaration avait été faite positivement par M. Thouvenel, et que si un jour ou l'autre il devenait nécessaire d'en parler, on pouvait le faire dans ce sens avec toute sécurité. »

. . . .

Savez-vous, Messieurs, en effectuant son indépendance, en la proclamant, en l'établissant, quelle était la pensée dernière du Mexique alors que la nation était encore dans toute sa prospérité ? — Une monarchie.

L'indépendance du pays, oui, mais sous une monarchie. Savez-vous quel était le monarque que demandaient alors les Mexicains ? Fernando VII de Bourbon était celui qu'ils appelaient. Et ensuite ? Ses frères, et à leur défaut, Messieurs, qui demandaient-ils ? Notez bien cette coïncidence, non qu'elle me soit en rien nécessaire, non que je veuille la présenter comme un argument, ils appelaient l'archiduc Charles d'Autriche. Cette coïncidence est notable.

M. Mon, *ancien ambassadeur*.

L'Espagne n'a point mis de *veto* à ce que le prince Maximilien fût roi. Non, jamais elle n'a mis ce *veto*. Ce qui a été dit, c'est qu'après deux mois à partir de la déclaration faite par l'Empereur.... (*L'orateur apercevant quelque mouvement sur le banc des ministres, se tourne vers eux.*) Je sais ce que vous allez me répondre, et il m'est pénible que vous le fassiez, parce qu'il me serait pénible de lire un document, et je ne voudrais en lire aucun, et celui-là moins que tout autre.

La France agissait loyalement, elle provoquait la candidature du prince Maximilien. Ne devait-elle pas la provoquer, puisqu'elle l'avait déjà soumise au jugement des alliés ? Mais y a-t-il une chose plus naturelle, y a-t-il une chose plus raisonnable. La France était libre de provoquer cette candidature, puisqu'elle n'avait contracté aucun compromis en sens contraire. Et le gouvernement, et le plénipotentiaire espagnol n'avaient aucun droit de s'opposer à l'action des Français en faveur de cette candidature.

M. Rios Rosas.

Le général Almonte.

Enfin tout allait bien, et il y avait lieu d'espérer que l'on obtiendrait par voies pacifiques toutes les satisfactions prévues dans la convention de Londres, quand le paquebot du mois de février arriva apportant le général Almonte, Don Antonio Haro y Tamariz, et quelques autres bannis, ce qui jeta la pomme de discorde dans le sein de la conférence.

Le général Prim.

« En soutenant les réclamations qui doivent se formuler, et en les faisant accepter, on doit se servir de *toutes les personnes influentes* du pays et de tous ceux qui veulent travailler à *l'établissement d'un gouvernement solide, approprié aux nécessités et aux croyances du peuple mexicain.* On doit leur temoigner tous les égards que les grandes puissances lui doivent pour ses immenses malheurs, ainsi que de tout l'intérêt que la nation espagnole ne peut faire moins que de lui continuer. Tout doit se faire d'un commun accord; car sans cet accord, au lieu d'avantages, on pourrait craindre des conflits dans une expédition qui excite vivement l'attention de l'Europe. »

(*Instructions du gouvernement espagnol au général* PRIM.)

Je cite cette question du général Almonte, bien que cela ne me soit pas nécessaire. *Je ne crois pas* et je ne chercherai pas à démontrer autrement que par les documents que tous nous connaissons, que la question Almonte ait été une cause importante pour la retraite de l'expédition. Il y a plus. On ne parle pas de cette question, on ne parle pas du général Almonte, ainsi que je le prouverai plus tard.

. . . .

Le comte de Reus ajoutait que presque en même temps s'étaient présentés les Almonte, les Haro et autres champions du gouvernement réactionnaire; que le gouvernement Mexicain, informé de cela, s'occupait *de faire usage de son droit* en poursuivant, arrêtant et châtiant les ennemis de la nation (les ennemis de la nation! les ennemis du gouvernement!) qui, étant proscrits, ne pouvaient aller au Mexique qu'avec des intentions préjudiciables.

Qu'était le général Almonte aux yeux de l'Espagne, à part la réputation dont il jouit et les hauts emplois qu'il a honorablement occupés en Europe? Je le connais à peine, mais je ne peux m'empêcher de dire qu'il était pour l'Espagne l'homme qui avait fait éviter une guerre, en faisant avec M. Mon le traité connu sous le nom de ces deux Messieurs; et que dès le moment même où il fit ce traité, par lequel on reconnaissait les réclamations de l'Espagne, dès ce moment date sa proscription. Dès ce moment il a été déclaré traître à son pays, et c'est depuis lors que la proscription pèse sur sa tête. On devait certes quelques considérations pour cet homme. On devait établir une différence entre les généraux Miramon et Almonte, et cependant l'un fut protégé contre les Anglais, tandis que nous nous sommes ouvertement déclarés hostiles à l'autre.

Quand le général Almonte arriva au Mexique, c'était au moment où les troupes alliées, en vertu du traité de la Soledad, allaient s'établir à Orizaba, à Cordoba et à Tehuacan, et quand sur lui pesait un décret de proscription. Il n'y a donc rien d'étrange qu'on lui ait donné cette protection, afin qu'il ne fût pas fusillé par les troupes de Juarez.

En commençant à examiner les véritables causes du rembarquement de l'expédition, j'annonce au Sénat que pour ne pas le fatiguer et pour ne pas employer son temps inutilement, je ne prendrai pas le protocole d'Orizaba du 9 avril. Ce n'est pas là qu'il faut chercher les causes du rembarquement, mais bien dans les lettres qui furent échangées entre le plénipotentiaire espagnol et l'amiral Jurien de La Gravière, représentant français. Quand on arriva à Orizaba, chacun des plénipotentiaires avait arrêté ses idées. Chacun allait déjà avec sa résolution établie, définitive, et le général Prim ayant annoncé le rembarquement de ses troupes le 23 mars, sans qu'aucun des événements survenus ces jours-là eût donnné lieu à rien pouvant influer sur une semblable résolution.

J'ai écarté la question Almonte et celle de l'archiduc Maximilien. La question Almonte parce que, je le répète, on trouve dans la correspondance de l'amiral de La Gravière la promesse solennelle de conserver Almonte. Il ne pouvait l'abandonner, parce que cela eût été indigne de l'honneur français, que d'abandonner une personne une fois qu'on lui a donné protection, même fût-ce par erreur, et à plus forte raison quand on avait sous les yeux l'assassinat du général Robles Pezuela.

Almonte promettait de demeurer à Cordoba et de ne pas aller plus avant. Le cas était assez peu grave pour pouvoir lui donner tant d'importance. Qu'importait au général comte de Reus que le général Almonte vînt intriguer au Mexique? S'il n'y avait pas de monarchistes, si, comme Sa Seigneurie le dit dans une de ses dépêches, le général Almonte avait si peu de prestige et si peu d'influence que ses propres partisans eux-mêmes se tournaient en délateurs et livraient ses lettres au gouvernement de Juarez, quelle crainte pouvait inspirer le général Almonte? Aucune. C'était, par conséquent, une cause bien petite, bien microscopique, pour avoir pu produire un résultat si grand.

. . . .

Eh bien! Messieurs, je le répète, la divergence existait, *non dans la question Almonte*, dont on ne parlait pas; non dans la question monarchique ni dans celle de l'archiduc dont également on ne disait pas un mot, mais dans la question même. Tandis que le plénipotentiaire espagnol voulait brûler ses vaisseaux pour venger les offenses qui nous avaient été faites, et qui certes étaient suffisantes, le plénipotentiaire français voulait cette même chose, et voulait de plus un système politique, système qui, soit dit en passant, me paraît et doit, je le crois, paraître au Sénat *plus libéral* que cette politique libérale que M. le marquis de los Castillejos nous a avoué qu'il avait défendue au Mexique.

M. Bermudez de Castro.

Mais il est nécessaire, Messieurs, de ne pas dénaturer les choses. La question Almonte, la question de monarchie a-t-elle été cause de la retraite des troupes de Sa Majesté ? Non, Messieurs, je l'ai déjà dit. Le traité de la Soledad fixa, détermina complétement la politique pacifique que le plénipotentiaire de Sa Majesté voulait suivre. Et quand le traité de la Soledad se conclut, Almonte n'était pas là. Il n'y avait que deux mille Français en y comprenant les marins et quelques soldats nègres de la Martinique.

La question Almonte porta-t-elle le plénipotentiaire de Sa Majesté vers cette convention ? Non. Ce fut la pensée de commencer des relations pacifiques, qui, dans mon opinion, aurait dû être abandonnée dès le principe.

Le fait est, Messieurs, que depuis lors, les événements se continuant, les plénipotentiaires suivirent deux politiques. Les rôles changèrent. Le plénipotentiaire de Sa Majesté et celui de la Grande-Bretagne poursuivirent la politique des négociations pacifiques, la politique qu'ils avaient voulu faire prévaloir par les préliminaires de la Soledad, tandis que les plénipotentiaires français, déjà avec plus de force, voyant que cette politique n'avait fait que fomenter l'arrogance des Mexicains, et ayant reconnu plus tard le mauvais effet que les premiers pas de l'expédition avait produits en France, voulurent changer de politique.

Le marquis DE LA HABANA.

Almonte arrive sur le territoire mexicain, accompagné de quatre ou cinq compatriotes. Pour moi, je me demande : arrivant sans troupes, sans influence, car il n'y a dans ce pays personne qui en ait véritablement, quelles craintes pouvait-il inspirer, quels soupçons pouvait-il éveiller, pour qu'il devînt un motif suffisant pour déterminer la rupture de l'alliance des trois nations qui étaient alliées au Mexique ? Une personne qui se présente là sans autres éléments que la protection personnelle de M. de La Gravière, peut-elle inspirer quelques craintes aux trois alliés, aux trois généraux. Ne devaient-ils pas mettre en ligne de compte qu'Almonte se voyait persécuté et qu'on le cherchait pour faire sans doute de lui ce qu'on avait fait du malheureux Robles Pezuela ?

Et en outre, lui était-il défendu, ainsi qu'à ses compagnons, de prendre la part qui lui incombait dans la solution des grandes questions du Mexique? Précisément dans le projet de l'assemblée qui devait se créer pour décider au sujet de l'élection, devaient entrer les personnes qui avaient déjà figuré dans cette république. Eh bien ! si M. le ministre savait que dans cette assemblée devait entrer cette sorte d'aristocratie, par quel motif pouvait-on croire que Almonte, quelque dangereux qu'il fût, pouvait être cause de la rupture d'un traité qui promettait d'aussi hauts résultats? Je n'ai jamais pu comprendre comment la présence d'Almonte a pu être cause d'aussi graves événements. Je connais beaucoup Almonte, je me rappelle avoir eu le plaisir de l'avoir à dîner chez moi, le même jour que le marquis de los Castillejos. Certes, le jour où j'ai engagé Almonte à dîner, en compagnie du marquis de los Castillejos, j'étais bien loin de supposer que la présence d'Almonte au Mexique devait produire les résultats qui ont eu lieu. Je ne peux comprendre comment une personne si inoffensive, qui n'avait d'autre influence que celle de son vote et celle de quatre ou cinq amis, ait pu être un motif de craintes pour les trois grandes puissances qui avaient là leurs armées.

Almonte a-t-il arboré un drapeau? A-t-il voulu exercer quelque autorité? S'est-il proposé d'accomplir quelque mission? En aucune manière. Almonte n'a pas ouvert la bouche; il ne s'est nullement manifesté d'une manière officielle. Il n'a fait aucun pas, il ne s'est fait annoncer ni reconnaître qu'après le rembarquement des troupes espagnoles. Et comment l'a-t-il fait alors? A-t-il présenté une forme quelconque de gouvernement? A-t-il parlé de l'établissement de la monarchie? A-t-il parlé de la candidature du prince Maximilien? En aucune manière. La proclamation que le général Almonte a adressée aux Mexicains le 21 avril à Orizaba, dit ce qui suit (*il la lit*).

Almonte ne s'était présenté avec aucune mission, il n'avait manifesté ses pensées à personne jusqu'à ce que les troupes espagnoles aient été rembarquées et jusqu'à ce que les troupes françaises soient demeurées seules, elles qui l'avaient accueilli, qui avaient défendu sa vie, qui l'avaient empêché de subir le même sort que l'infortuné Robles Pezuela.

M. Mon.

Parlons d'Almonte. Supposez, contre la vérité du traité, contre la vérité des négociations, qu'on était allé au Mexique faire une politique neutre, complétement neutre, qu'on était allé là pour ne rien faire; ou pour faire une démonstration militaire en bombardant Vera-Cruz. Supposez tout cela. Supposez que les Français et les Anglais allaient pour demeurer complétement neutres. Supposez que les Espagnols avaient le même devoir. Supposez que les Espagnols avaient le droit de s'opposer à ce que les Français fissent rien, ni la plus insignifiante tentative contre le principe de neutralité; supposez que ce principe ait été rompu en la plus petite chose par les Français, croyez-vous que les Espagnols avaient le droit de leur rien dire, puisqu'ils n'avaient pas le droit de rompre avec eux.

Eh bien! je vous dis : La présence d'Almonte dans le camp français était-elle contraire, au principe de non-intervention, ou simplement au principe de neutralité? Elle n'était contraire qu'au principe d'amitié envers Juarez. Supposez Almonte à Madrid, à Londres, à Paris, travaillant pour renverser le gouvernement de Juarez; supposez que l'Espagne, la France et l'Angleterre sont en amitié avec Juarez.

Que peuvent faire ces États, que peuvent leurs gouvernements dans cette situation de paix et d'amitié contre Almonte, conspirateurs à l'égard de Juarez? En Angleterre on ne pourrait pour ainsi dire rien faire. En Espagne on pourrait faire quelque chose. En France très-peu, d'après la législation de ces pays respectifs. Et cela en état de paix, en état d'amitié.

Mais examinez maintenant la situation de neutralité. Les Espagnols et les Français sont neutres en Amérique. Le principe de la neutralité est sacré. Quels devoirs comporte la neutralité? Comporte-t-elle le devoir de favoriser Almonte? Comporte-t-elle le devoir de favoriser Juarez et de s'opposer à Almonte? Almonte est en territoire français, espagnol et anglais, sous la protection, sous l'asile sacré des nations alliées. Almonte fera ce qu'il voudra contre Juarez, Juarez fera ce qu'il voudra contre Almonte. Les alliés ne pourraient donc rien faire contre Juarez ni contre Almonte.

M. RIOS ROSAS.

RETRAITE DES TROUPES ESPAGNOLES.

Je viens d'expliquer les trois premières déterminations que j'aurais pu prendre; je vais examiner la quatrième, qui consistait à me rembarquer avec les troupes, laissant les Français responsables de leurs actes. C'était là la dernière détermination qui me restait. Je l'ai méditée et examinée avec une grande attention, car je ne pouvais méconnaître tout ce qu'elle avait de grave et d'important.

(*Discours du général* PRIM.)

L'Espagne fera sous son drapeau tout ce que fera la France : elle ne reculera pas non plus devant les plus grands sacrifices.

(Le maréchal O'DONNELL, *après la convention de la Soledad.*)

J'ai entendu hier avec plaisir le comte de Reus nous dire ce qu'il pensait, sous son immense responsabilité, de la grave question du Mexique. Je le répète, c'est avec plaisir que j'ai entendu les appréciations qu'il a données et que je vais parcourir. Mais qu'il me soit permis d'ajouter que, quelque hautes et quelque élevées que soient les pensées d'un homme, il existe un fait : c'est que, quelque immenses que soient les pensées et même la magnanimité des hommes, on ne doit jamais leur sacrifier les intérêts de l'État. J'ai dit et je répéterai jusqu'à satiété, que le parti qu'a pris le comte de Reus est le résultat de ses convictions. Il faisait ce qui lui paraissait le mieux pour l'honneur de sa reine et de sa patrie. Mais le comte de Reus ne doit pas trouver étrange que quelque difficiles que soient les circonstances dans lesquelles se trouve un homme pour résoudre des questions aussi importantes, cet homme peut se tromper dans ses appréciations. Pour moi, je crois que le comte de Reus s'est trompé, et que parmi les quatre déterminations entre lesquelles il avait à choisir, il pouvait faire mieux.

S'il attribuait aux Français la pensée de vouloir marcher sur Mexico pour y établir uniquement leur influence en faveur d'une monarchie, puisqu'il n'en avait pas les éléments suffisants, le comte de Reus eût conservé une position bien plus avantageuse que celle que pouvaient obtenir les plénipotentiaires français, dans le cas même où ceux-ci n'obtiendraient pas ce qu'ils désiraient. Et dans ceci, je crois que par l'adoption de cette mesure, personne n'aurait pu supposer avec raison que l'expédition espagnole se subordonnerait à la pensée française.

. . . .

Ah ! M. le comte, combien je suis peiné de voir que vous vous soyez privé de la gloire qui vous était réservée au Mexique, en aidant de votre pouvoir à l'établissement d'un gouvernement pouvant avoir des conditions de stabilité au milieu d'une société tombée en dissolution! Hélas vous n'avez pu participer à cette gloire et, qui plus est, vous avez fait surgir une immense question pleine de difficultés, de complications et d'incertitudes, tant intérieures qu'internationales.

Enfin, après les triomphes et les ovations que le comte de Reus et ses soldats ont reçus en marchant sur Vera-Cruz, n'est-ce pas une douleur pour le comte de Reus lui-même, d'avoir eu le triste et douloureux silence qui l'a reçu à son retour à la Havane. Ce retour était d'autant plus triste et plus douloureux, qu'il ne s'opérait pas comme pour l'aller, à l'ombre du pavillon de Castille, mais à bord de navires anglais.

Certes, le comte de Reus dut en éprouver une peine immense, il dut se repentir de la résolution qu'il avait prise surtout en la voyant couverte de complications, de difficultés et de conflits.

Le marquis DE MIRAFLORES.

Nos troupes, une fois à la Vera-Cruz, il n'y avait pas de milieu, il fallait les rembarquer; mais avec la franchise que j'ai montrée jusqu'ici, je dirai au gouvernement de Sa Majesté que, puisqu'il a approuvé le rembarquement, il doit nous donner les raisons de cette approbation et nous dire pourquoi une partie de nos troupes a été embarquée sur navires anglais.

La précipitation était donc si grande, si impérieuse, si absolument nécessaire, que nos troupes n'aient pu demeurer même quelques jours à Vera-Cruz afin d'être transportées sur des navires de guerre ou de commerce espagnols ; dût la maladie nous enlever quelques centaines de soldats qui, certes, ne devaient pas être mis en parallèle avec ce qui est dû à la nation et avec la pensée de cette expédition ? (expédition d'une si haute importance et d'un si grand avenir qu'il y avait longtemps que l'Espagne n'avait fait un semblable effort).

En vain j'interroge ma raison, je ne m'explique pas comment le gouvernement a approuvé comme bon, comme bien faite, le rembarquement des troupes espagnoles à bord de navires anglais. Je suis certain, comme si je le voyais, que plus d'une larme a été versée par nos soldats à la pensée qu'ils avaient été à Vera-Cruz sous le pavillon espagnol, et qu'ils devaient rentrer à Cuba couverts par un pavillon étranger, emportant roulé le drapeau national, le pavillon de l'Espagne.

Le gouvernement, à mon point de vue, depuis le 22 mars, date à laquelle je me réfère, a apprécié avec une grande légèreté tout ce qui regarde le procédé des alliés sous le point de vue politique, eu égard au traité de Londres du 31 octobre. Mais puisque le ministère, muni de documents spéciaux, qu'il peut seul avoir, pour mieux juger le passé, mais puisque le ministère a bien voulu que toute responsabilité retombât sur lui, je lui dirai que nous ne traitons point ici une question étrangère, qu'il ne s'agit nullement de question française. Quant à moi je ne m'occupe que de la question nationale, de la question espagnole.

Quelle satisfaction les ministres peuvent-ils donner aux Espagnols, à ceux qui ayant été au Mexique, espérant serrer la main de leurs frères les soldats de la reine, à ceux qui, demeurés dans la Péninsule, voient toutes leurs espérances frustrées? . . . .

Quelle satisfaction les ministres peuvent-ils donner aux populations qui ont envoyé leurs enfants dans ce pays où un si grand nombre a péri? quelle satisfaction les ministres peuvent-ils donner à la nation qui voit se consumer vainement son trésor public?

Votre conscience, Messieurs les ministres, votre conscience doit vous le dire; votre conscience vous crie la seule satisfaction qui reste au pays.

Je vais faire une observation, et je la ferai en toute liberté, quand elle ne devrait servir que de leçon à ceux qui ambitionnent le banc que vous occupez, et qui, pour leur malheur ou pour leur bonheur, parviendront à s'y asseoir.

Un ministère qui aurait eu conscience de sa position, à partir du 22 octobre, aurait décrété une résidence au commandant en chef de nos forces, à notre plénipotentiaire espagnol, résidence qui en rien n'aurait terni ce haut personnage, qui a été au Mexique représenter le ministère dans les fonctions élevées dont je viens de parler. Là je lui aurais imposé l'obligation de mettre au grand jour, sous tous les rapports, sous tous les points de vue politiques et militaires, la conduite qu'il a tenue. Il aurait eu la satisfaction, par cette exécution judiciaire sanctionnée par le tribunal de justice, de faire face à toutes ces accusations obscures et ténébreuses qu'on dirige de toutes parts contre lui.

Marquis DE NOVALICHES.

D'après tout ce que j'ai dit, au point où en est arrivé la discussion et après tant d'heures pendant lesquelles j'ai fatigué l'attention du Sénat, je ne dois pas entrer dans l'examen des quatre déterminations qu'a eues à examiner le comte de Reus. Elles avaient toutes leurs inconvénients, je n'en doute pas ; mais celle qui en offrait davantage est précisément celle qu'a choisie le comte de Reus.

Je ne veux pas non plus, pour résoudre la question, entamer l'examen de ce que pouvait conseiller au marquis de Castillejos son propre intérêt.

J'éprouve la satisfaction de dire que je reconnais, comme tous le reconnaissent, que, quand on met dans la balance les intérêts personnels du comte de Reus, et dans l'autre les intérêts de la reine et de la patrie, le comte de Reus n'hésite pas à sacrifier ses propres intérêts, qui, pour lui, n'auraient pas dans la balance le poids d'un cheveu ; par conséquent, je ne vois pas que le comte de Reus ait eu raison dans sa protestation.

La seule chose que je dirai, c'est que cette protestation est totalement conforme à ma manière de voir. Le marquis de los Castillejos disait : « Si j'avais été à Mexico avec les Français, si j'avais arboré sur cette ville le pavillon espagnol, si j'avais rapporté en Espagne les cendres de Fernand Cortès, la Reine m'aurait fait duc, elle m'aurait fait maréchal, et les faveurs de toutes sortes auraient plu sur ma personne. » Eh ! bien, soit. Mais si le gouvernement avait fait tout cela, que doit-il faire maintenant que le comte de Reus a agi d'une manière toute contraire? Comment Sa Seigneurie peut-elle en espérer une complète approbation? Si le gouvernement lui avait accordé toutes ces faveurs, et j'aurais été le premier à y applaudir, jugeant Sa Seigneurie digne de les avoir méritées, l'approbation simple du gouvernement, n'équivaut-elle pas à une réprobation?

Si le marquis de los Castillejos a agi conformément

aux instructions du gouvernement en retirant les troupes, en ne les retirant pas il ne pouvait certainement pas en être récompensé, mais bien plutôt il eût dû être puni pour avoir manqué à ses instructions. Sa Seigneurie a témoigné l'autre jour sa satisfaction d'avoir à discuter avec des hommes logiques. Soit. Eh! bien! je le demanderai au comte de Reus : l'argument que je viens de lui soumettre est-il logique ou ne l'est-il pas?

M. Bermudez de Castro.

Ais-je eu raison, Messieurs, d'expliquer comment s'est faite la retraite des troupes? S'est-elle faite pour ne pas aller derrière la France? Je l'ai déjà dit, celui qui dira cela, offense le comte de Reus, il offense l'armée sous ses ordres, et il enlève tout prestige à la nation espagnole. Car cela n'est pas exact. Dans l'idée politique qui a séduit le comte de Reus, dans cette pensée politique qui lui fait croire que nous avons gagné aujourd'hui l'affection du continent américain, ce qu'il a exprimé ici avec la plus grande franchise, je le répète, dans cette pensée il n'y avait pas de question; il n'avait plus qu'à se retirer avec ses troupes. C'est ainsi que quand on demandait comment ils seraient allés à Mexico, il n'est pas étrange qu'on n'ait pas touché à la véritable difficulté, si cette pensée politique n'existait pas!

Or, si le comte de Reus eût eu cette pensée, il eût été à Mexico non pas une fois, mais vingt fois. Eh! quoi, n'eût-il pas été bien plus agréable à Sa Seigneurie de marcher sur Mexico? Eh! quoi, ne devait-il pas éprouver de la peine à se séparer des soldats français qu'il estime et avec lesquels il s'est trouvé en rapport?

Aucun général espagnol n'a été plus en contact avec les troupes françaises que lui. Eh quoi! non....?

Il est nécessaire qu'ici l'on dise la vérité. Je viens, en ce moment pour défendre le comte de Reus. Il a fait ce qu'il croyait convenable à son pays. Pour moi, je le crois funeste ce qu'il a fait. Il a sacrifié son intérêt personnel et son désir d'être à côté des troupes françaises. Il n'a point fait de politique contre la France. Il n'a point agi en haine de la France ni en haine des Français. Il a agi ainsi *parce qu'il avait conscience que l'intérêt de sa patrie ne le portait pas contre Juarez*, bien qu'il comprenait que cela ne pouvait pas lui attirer de sympathies dans cette enceinte.

Marquis DE LA HABANA.

Passons à ce qui pour moi est plus grave.

Deux ou trois plénipotentiaires peuvent-ils par eux-mêmes, et entre eux, déclarer un traité rompu et adopter les dispositions qu'ils croient convenables? Où arriverions-nous si, à une grande distance d'un gouvernement, comme cela peut survenir quand il s'agit de traiter de questions aussi importantes que celles qui se rapportent aux possessions d'outre-mer, aux puissances ultramarines, aux terres lointaines, si, dis-je, le gouvernement, même sans le savoir, se voyait entraîné dans une guerre parce que les plénipotentiaires, par eux-mêmes et entre eux, auraient admis une solution qui n'était pas dans leurs attributions? Le gouvernement et le ministre d'État pouvaient-ils donner de semblables instructions? Étaient-ils dans leur droit en donnant des instructions pour faire rompre un traité et rembarquer les troupes comme ils l'ont fait? Non, ils ne le pouvaient pas. Les traités ne peuvent se rompre que par le commun accord de tous ceux qui y sont intervenus.

Le général Prim est revenu, et je suis peiné que M. le ministre d'État, l'autre jour devant le Sénat, alors que le comte de Reus établissait les quatre solutions qu'il voyait à la situation où il se trouvait, déclarait qu'une des solutions était de se mettre en état de guerre avec les alliés. Je regrette qu'il ne se soit pas hâté de déclarer, comme l'a fait ensuite M. le président du conseil des ministres, que cela n'était pas possible. Permettez-moi d'ajouter que j'aurais voulu en outre qu'il eût été consigné qu'un général ne peut jamais, dans quelque circonstance où il se trouve, faire autre chose qu'obéir aux instructions du gouvernement. C'est pour cela que j'aurais désiré voir M. le ministre d'État se lever pour désapprouver des choses qui ne peuvent passer inaperçues. Quand, devant nous, s'établissent des propositions comme celle de la possibilité de tourner ses canons contre des alliés, il est indispensable que le gouvernement fasse la déclaration que ses généraux ne doivent, dans tous les cas, qu'obéir aveuglément au gouvernement. D'une autre manière personne n'aura foi dans notre parole. Il est nécessaire qu'une semblable doctrine tombe, condamnée.

M. Mon, *député,*
ancien ambassadeur.

Le silence des peuples n'est pas seulement la leçon des rois, mais encore la leçon des mauvais gouvernements et des hauts dignitaires. Ainsi, dans le silence avec lequel on reçut à la Havane le marquis de los Castillejos à son retour, je lis plusieurs châtiments.

M. Rios Rosas.

Les États-Unis.

Pour moi, c'est bien d'accord avec mon jugement que je me suis fait l'interprète du gouvernement. La balance d'une main, entre déplaire à l'Angleterre, aux États-Unis et à tout le continent américain, ou déplaire au gouvernement de l'Empereur, les premiers ayant raison et non pas le second, j'ai préféré déplaire au gouvernement de l'Empereur, quoique à regret.

Le général Prim.

Je ne répondrai que peu de mots à ce que Sa Seigneurie nous a dit sur la politique de l'Angleterre et des États-Unis, sur son immense avenir, sur la doctrine de Monroë et sur toutes les autres questions dont il s'est occupé. La seule chose que je dirai, c'est que jamais la politique de l'Espagne n'a été d'accord en Amérique, ni avec celle de l'Angleterre, ni avec celle des États-Unis. Dès le principe, dès le moment où ces pays rêvaient leur émancipation de la mère-patrie, nous avons eu constamment pour ennemis de notre politique l'Angleterre et les États-Unis.

M. Bermudez de Castro.

Quand la France et l'Angleterre se préparaient à s'unir avec l'Espagne, ce qui guidait ces puissances, c'était un intérêt semblable à celui dont je viens de rendre compte. Ils venaient s'associer à un intérêt politique immense pour l'Espagne, bien plus que pour la France et l'Angleterre. Mon ami le comte de Reus était en apparence partisan de la doctrine de Monroé ; pour le moins il soutenait que les États-Unis avaient le droit de la mettre à exécution et que l'Europe avait reconnu ce droit.

Ce n'est pas exact. L'Europe n'a jamais reconnu, ni pu jamais reconnaître les droits que se donnent les États-Unis d'être les seuls qui puissent intervenir dans les questions hispano-américaines. Jamais l'Europe n'a eu l'occasion de s'opposer à cette doctrine, mais elle ne l'a point reconnue.

Le marquis DE LA HABANA.

La vérité est que, jusqu'au moment où a éclaté la guerre civile des États-Unis, la situation du Mexique était des plus tristes, des plus désespérées. Jamais un peuple malheureux n'avait pu tomber plus bas. Cette situation était semblable à celle qu'un historien célèbre nous révèle de Rome sous les Césars. *Neque mala, neque remedia pati possumus :* Ils ne pouvaient souffrir ni les maux ni les remèdes.

La monarchie était dans ces circonstances nécessaire et impossible à la fois. Nécessaire, par ce que je viens de vous exposer, impossible par le véto des États-Unis. Bien qu'indépendante de la doctrine de Monroé, la politique dans ces États a été constamment et devait toujours être, à l'égard de toutes les républiques hispano-américaines et plus particulièrement à l'égard du Mexique, une politique anti-monarchique. Tous les présidents des États-Unis ont proclamé cette politique, tous les présidents ont constamment cherché à intervenir, et ils sont intervenus au Mexique pour y détruire, pour y proscrire l'élément monarchique ; tous ont constamment imposé au Mexique la forme fédérative. Ces faits, qui pourraient se prouver par un grand nombre de documents, se prouvent plus particulièrement par un fait tout récent et solennel.

Qu'a déclaré le général Scott dans sa proclamation de Jalapa, après avoir envahi le Mexique et en s'adressant au peuple mexicain? « Il y a parmi vous un parti monarchique : les États-Unis ne peuvent consentir à laisser ce parti se lever et former un gouvernement qui tende au rétablissement de la monarchie ; ils ne peuvent tolérer la monarchie en Amérique, et je suis venu l'exterminer. » Vous voyez ici la politique des États-Unis se débarrasser officiellement et solennellement de la monarchie dans l'Amérique espagnole.

Et comme les États-Unis avaient l'immense pouvoir, l'immense influence que vous savez tous, et comme sans les États-Unis rien ne pouvait se faire en Amérique ni par l'Espagne, ni par l'Angleterre, ni par la France, ni par toutes les nations occidentales réunies ; c'est pour cela, et seulement pour cela, que la république persistait au Mexique et que la monarchie ne pouvait se rétablir.

La guerre civile est établie dans ces États dans des proportions gigantesques et depuis longtemps ; et ces hommes qui disaient « l'Amérique pour les Américains, c'est-à-dire l'Amérique pour les Anglo-Américains, pour les Yankees, pour les États-Unis de l'Amérique, enfermée par une muraille comme la muraille matérielle de Chine, l'Amérique séquestrée du monde, l'Amérique ayant divorcé avec la civilisation humaine ; » ces hommes, disons-nous, qui professaient cette doctrine insolente, absurde, inhumaine, ont fini par voir que le *destin manifeste* n'était pas un décret de Dieu et que la volonté de la Providence était toute différente.

Horrible est l'expiation qu'ils souffrent, et je la déplore! Mais expiation juste et légitime comme toutes celles que Dieu impose à ces grandeurs orgueilleuses qui aspirent à absorber en leurs mains la domination du monde; expiation analogue à celles de Charles-Quint, qui s'en alla pleurer dans le monastère de Yuste ses délires d'une monarchie universelle; expiation analogue à celle de Philippe II, mort misérablement après avoir perdu la Hollande et son invincible flotte, après avoir ruiné et épuisé sa patrie; expiation semblable à celle de Louis XIV, descendant au tombeau avec l'affreuse pensée que rien de ce qu'il laissait ne serait respecté, pas même son testament.

Dures et cruelles, mais justes et légitimes expiations! Je les déplore, mais je les comprends.

Quand j'ouvre l'histoire et que je vois le général Scott diriger de préférence ses projectiles meurtriers contre les hôpitaux et incendier ces hôpitaux remplis de soldats mexicains qui, en vérité, opposèrent une défense espagnole, une défense héroïque; quand, après la prise de Vera-Cruz, et de Mexico, je le vois traiter des citoyens pacifiques et sans défense comme on ne traite même pas chez les Yankees les nègres et les esclaves, je ne peux que m'écrier : Légitime et juste expiation! (*Sensation prolongée*).

Donc cette société mexicaine était monarchique. Cette société aspirait à la monarchie; elle ne pouvait à l'intérieur vivre sans la monarchie; elle ne pouvait être indépendante sans la monarchie. Avec la monarchie elle pouvait mourir, mais, sans elle, elle périssait rapidement et certainement.

Je vous disais, Messieurs, qu'avec la guerre des États-Unis, la monarchie qui était nécessaire au Mexique y devenait possible, et maintenant je vous dis qu'avec l'intervention européenne la monarchie était facile, très-facile.

M. **Rios Rosas**, *député.*

Les Espagnols au Mexique.

Si je fusse allé avec les Français et que j'eusse agi comme eux, les milliers d'Espagnols disséminés dans toute la république eussent souffert bien des maux sans que j'eusse pu les protéger. Cependant ils ne m'en savent aucun gré; je sais même qu'ils se plaignent de moi. Ils se plaignent parce qu'ils ne savent pas ce qu'il leur serait arrivé si j'eusse fait ce qu'ils auraient voulu.

Le général **Prim.**

J'ai trouvé la majorité des sujets espagnols *irrités* jusqu'à l'exaspération, par la conduite suivie par le comte de Reus depuis son arrivée, et par la retraite des forces espagnoles.

(*Dépêche du secrétaire de la mission du général* **Prim**, *datée de Mexico.*)

Les Afrancisés.

(Afrancesados.)

Je serai aussi vulgaire que l'on voudra; mais du moment que l'on cherche à toucher l'Espagne, de ce moment, je suis entièrement d'accord avec l'esprit de la chanson bien connue des braves Aragonais.

« La vierge del Pilar, dit :
« Qu'elle ne veut pas être française. »

Le général **Prim.**

Ici l'on a voulu exciter les passions en demandant si la question est espagnole, française ou anglaise. Il faut faire sur ce point une distinction capitale et que je crois juste. Que l'Empereur des Français se plaigne maintenant que l'on a fait bien ou mal ; que l'Angleterre dise tout le contraire, personne n'a rien à répliquer, ils sont parfaitement dans leur droit. S'il ne s'agit pas d'une affaire espagnole, si l'affaire est mixte, elle est française, anglaise et espagnole. Comment chacune de ces nations n'aurait-elle pas le droit de la juger dans la sphère de ses principes réciproques et à son propre point de vue.

Le Marquis **de Miraflores.**

Je n'ai pas l'honneur de connaître, pas même de vue, l'Empereur des Français. Ma délicatesse extrême et peut-être exagérée, d'après ce que j'ai dit ici à la fin de la dernière législature, m'a imposé l'obligation de ne pas aller sur le territoire français, bien que, pour ma santé, j'aie l'habitude d'aller prendre les bains dans le midi de la France. Mais cela établi, je crois convenable de dire, que, si quelqu'un osait me qualifier d'une manière indigne, dès à présent et par avance, je déclare que cette qualification doit retomber sur quiconque se la permettrait.

Je sais qu'en Espagne, il n'y a que des Espagnols amis du trône de la reine, de la dynastie, de l'indépendance du pays et de l'intégrité de la patrie. Mais s'il existait quelqu'un qui aurait l'audace de réveiller des sentiments qui sont écrits dans les pages de notre histoire pour notre honneur et pour notre gloire, et non pour provoquer des événements qu'il n'y a pas lieu de rappeler, qu'il sache bien que sans le comprendre, il n'a pour but que d'aggraver plus encore la position du ministère.

Le marquis de Novaliches.

Qui met en doute que l'on a dénaturé la question? Qui met en doute que l'on a voulu en faire une question de parti; que l'on a cherché à en faire une question nationale; que l'on a voulu en faire une question où l'on pourrait mettre en lutte les sympathies pour le pays et les sympathies pour l'étranger? Rien de plus erroné, rien de moins concluant pour pouvoir juger avec certitude d'une affaire, qui comporte des intérêts aussi grands, que de vouloir la convertir en question nationale.

Mais, Messieurs, à qui la faute? Je me souviens, et messieurs les sénateurs se rappelleront avec moi, que le premier qui indiqua cette question dans des termes dont se plaignait M. le Ministre et dont je me plains également, ce fut un journal, qui a l'habitude d'appuyer le gouvernement et qui passe publiquement pour subventionné. Je ne confonds pas ce journal avec les autres feuilles de la presse doctrinaire, parce que son but n'est autre que d'avoir des nouvelles politiques et d'en faire une spéculation de presse. Ce fut ce journal qui, le premier, sous prétexte de cette question, tenta d'évoquer des souvenirs du commencement de ce siècle, pour en déduire, Messieurs, ce que l'on est venu à nommer publiquement, je ne crains pas de dire le mot qui est très-vulgaire *afrancisés* (afrancesados), ceux qui ne participent pas à l'enthousiasme qu'ils trouvent dans la direction donnée à la question du Mexique par le gouvernement de S. M.

M. le marquis de Novaliches m'a précédé hier dans la protestation que je fais aujourd'hui sans lui donner l'importance qu'il lui attribue. Je proteste, Messieurs, contre cette tendance, et avant tout le gouvernement de S. M. devrait être le premier à protester, s'il ne veut pas, avant de commencer à examiner la question et sans en prendre la responsabilité, que tout le monde dise que le *gouvernement n'a pas raison en voyant qu'on place cette question sur ce terrain parce qu'on ne fait cela que quand la raison manque.*

M. BERMUDEZ DE CASTRO.

Dans quel sens veut-on employer aujourd'hui le mot *afrancisé ?* Veut-on exciter un sentiment d'hostilité contre la France? En vue de quel intérêt? Pour quel avantage? Je ne comprends pas que personne puisse causer plus de préjudice à son pays qu'en venant susciter de semblables questions. Devons-nous, un jour ou l'autre, rappeler les motifs d'offenses que nous avons eus avec un pays qui est notre ami? Quelle est la politique qui conseille cela? Voulez-vous soulever le souvenir des haines qui anciennement existèrent pour les renouveler aujourd'hui? Pourquoi parler de cela ?

Si vous parlez de gloire nationale, je le comprends;

mais si vous n'en parlez que pour maintenir la haine contre une nation qui est en amitié avec nous, je vous dirai une chose, c'est que, quand vous préparez et que vous faites une fête nationale qui a ce caractère, vous devez montrer une chose qui ressemble à un rocher élevé et placer au-dessus un drapeau sur lequel est écrit le mot : *Gibraltar*.

. . . .

Il n'y a en France aucun Français qui ne sache, il n'y a en France aucun Français qui connaisse l'histoire, qui ne sache pas que la plus grande faute qu'a commise Napoléon Ier, ç'a été la guerre contre l'Espagne. Il n'en est pas un qui ne soit convaincu qu'il se trompa grandement, quand, croyant ne trouver qu'un peuple faible et abattu, il rencontra un peuple énergique et valeureux qui défendit héroïquement son indépendance. Qu'allons-nous donc apprendre à la France en parlant ainsi ? Qu'allons-nous gagner en parlant de Bailen, quand malheureusement on pourrait nous répondre par tant d'autres batailles perdues ? De la considération ? Non. Nous la possédons dans l'esprit du peuple français. Il nous rend cette justice ; il sait ce que nous valons, et il n'y aurait rien de plus impopulaire en France qu'une guerre avec l'Espagne, à moins que nous n'allions imprudemment provoquer ce peuple.

Pour moi, Messieurs, il est de mon devoir de dire, bien que je ne doive plus revenir à l'ambassade de Paris, que là, parmi le gouvernement, parmi les hommes politiques, parmi toutes les personnes à qui j'ai eu occasion de parler, partout je n'ai rencontré qu'un sentiment de bienveillance et d'estime en faveur de l'Espagne. Je ne vois aucun motif pour qu'il en soit autrement et pour que nous ne sachions pas correspondre avec les mêmes sentiments quand les deux pays sont liés par tant d'intérêts, quand ils sont unis par de puissants liens de considération et d'amitié.

Le marquis DE LA HABANA,

La France, cette grande nation, nous a communiqué ses idées, ses progrès, sa civilisation. Elle nous a, dernièrement, accordé sa confiance, ce qui a fait accroître notre crédit. Elle nous a apporté des richesses considérables par sa science, son expérience et son industrie, en sillonnant notre sol, de toutes parts, par des chemins de fer.

M. LUZURIAGA, *Sénateur,*
ancien Ministre des affaires étrangères.

Tels sont, Messieurs les députés, les motifs qui m'ont guidé dans l'accomplissement de la mission que le gouvernement de Sa Majesté m'avait confiée. Je suis surpris qu'on ait pu donner des noms différents au mobile de la conduite que j'ai suivie alors et aux idées que j'ai soutenues sur ce point, noms injurieux, noms qui pouvaient entraîner la désapprobation et faire naître une prévention dans l'opinion des personnes qui pouvaient ne pas être d'accord avec le gouvernement.

Pourquoi ce mot *afrancisé*, par lequel on a voulu désigner certaines personnes? Pourquoi ce mot *afrancisé* a-t-il paru dans quelques journaux?

Qu'on s'explique clairement, qu'on dise quels sont les

intérêts français que nous allions défendre dans la question que l'on discute. Quels sont-ils? Il peut se faire que quelqu'un le dise sans connaître le traité, sans savoir ce qui se négociait, sans savoir le motif pour lequel l'expédition allait là.

. . . .

Voilà l'intérêt français, voilà le grand motif pour lequel on dit que nous sommes *afrancisés,* nous qui voulons l'alliance avec la France, nous qui voulons nous présenter au Mexique avec les drapeaux des puissances les plus influentes de l'Europe. Nous qui, par notre seule présence, sans verser de sang, par la seule force morale que nous donnait cette compagnie, voulions nous ouvrir un chemin dans ce pays, comme elle nous eût ouvert le fort de San-Juan-d'Uloa, sans aucune difficulté, ou quand bien même nous eussions dû le prendre par la force. Il n'en est pas moins certain que la croyance qu'eurent les Mexicains, qu'ils allaient se trouver face à face avec les trois puissances, entra pour beaucoup dans leur esprit et dans la détermination qu'ils prirent d'abandonner la place.

Nous eussions pris de force le fort de San-Juan-d'Uloa, je le sais. Personne n'a plus de confiance, plus de foi que moi, dans la valeur de nos soldats. Personne ne sait mieux que moi ce qu'ils valent. J'ai eu l'occasion de me confirmer dans cette croyance, par ce que j'ai entendu donner d'éloges à nos troupes à l'étranger. Mais personne ne peut dire que la compagnie des grandes nations n'eut pas une grande influence, en ce qu'il n'y eut ni malheurs ni contre-temps dans notre débarquement au Mexique.

Il faut qu'il soit expliqué ici et qu'il soit dans la conviction de tous, quel était l'intérêt français dans cette expédition, et qu'elle a été la conduite de la France. Qu'est-ce que l'Empereur détermina d'abord quand il connut notre décision? Ce fut de nous offrir ses troupes, ajoutant qu'il n'y avait aucun inconvénient à ce qu'il les plaçât sous les ordres d'un général espagnol. Il manifesta une grande complaisance et un grand désir de resserrer les liens d'amitié avec notre nation, pour laquelle il montrait de grandes sympathies. Telles étaient les vues du gouvernement français. Et que nous offrit encore ce gouvernement?

Que nous offrit-il de plus? Il nous offrit des munitions de guerre tant que nous en voudrions, tant que nous en aurions besoin, sans argent; remarquez-le bien, sans argent. Le gouvernement répondit qu'il n'en avait pas besoin.

Qu'arriva-t-il, Messieurs? Que nous arrivâmes avant eux à la Vera-Cruz, que nous les reçûmes comme des hôtes, c'est l'expression dont s'est servi le général qui commandait nos troupes. Une fois réunis là, quel a été le premier pas que nous avons fait? Ça été de résister à appuyer leurs réclamations. Nous n'avons pas voulu appuyer les réclamations de la France: c'est là notre premier pas. Nous leur proposâmes, nous rédigeâmes même une proclamation; ils la signèrent. Nous les entraînâmes au traité de la Soledad; ils le signèrent. Nous leur assignâmes les points où ils devaient attendre la fin des négociations; ils les occupèrent. A qui était l'influence? qui l'exerçait, cette influence? Qui allait en avant? qui portait le drapeau? l'Espagne.

. . . .

Quels furent les motifs puissants qui nous obligèrent à renoncer à cette gloire? Quelles sont les raisons qu'on a eues? Sont-elles graves? En a-t-on fait connaître aucune? Non, pas une seule.

Et vous nous appelez *afrancisés*, nous qui voulions une si grande gloire, d'abord pour notre Reine, ensuite pour vous et pour le pays. Ah ! Messieurs, et je ne m'adresse point aux ministres de la couronne, qui sont incapables de nous attribuer des sentiments qui nous rabaissent. Je ne m'adresse pas non plus aux députés de la nation, qui ne voudraient pas nous humilier ; mais je m'adresse à ceux qui, sur ce point, ont une opinion différente de la nôtre, et je leur dirais : Qu'est aujourd'hui la position de l'Espagne ? Qu'avez-vous maintenant ?

La nation est toujours grande, mais relativement à la question qui se débat, quel est le résultat de tant de sacrifices que vous avez faits ? Quel est ce résultat ? Je ne veux point le dire, Messieurs.

. . . .

Quand l'ambassadeur anglais se présenta pour appeler l'attention sur notre guerre avec le Maroc, disant qu'on devait l'empêcher de toutes manières, nous eûmes la satisfaction d'entendre l'Empereur des Français se déclarer en disant : L'Espagne a raison, elle est dans son droit, et ce ne sera pas la France qui la contrariera.

Quand arriva la première nouvelle qu'une escadre anglaise allait croiser sur les côtes d'Afrique, la cour était à Biarritz, où j'étais également ; j'appelai l'attention sur cette nouvelle, et au même instant le gouvernement français fit partir une escadre française pour neutraliser l'influence anglaise.

Nous avons encore une autre preuve de la bonne intelligence et de l'harmonie qui règnent entre les deux gouvernements, dans l'arrangement qui a été fait au sujet de la dette d'Espagne, affaire que, durant vingt-cinq, ans personne n'avait osé toucher, parce qu'il ne manquait pas de gens qui disaient que c'était un gage dont la France ne devait jamais se dessaisir, afin d'avoir un motif d'incommoder l'Espagne quand on le voudrait. L'Empereur des Français n'a pas mis de difficulté à abandonner ce gage, ce que, peut être, tout autre gouvernement n'eût pas fait. Il a mis fin heureusement à une négociation à laquelle, comme je l'ai déjà dit, personne n'avait voulu toucher depuis de nombreuses années. Quelles sont les réclamations du gouvernement espagnol qui n'aient pas été noblement et loyalement résolues ? Aucune. Toujours par l'effet de la cordialité et de la parfaite harmonie qui ont régné dans nos négociations, toujours il a été fait justice à ce que nous avons demandé, sans avoir de notre côté à faire de concessions qui ne fussent réciproques.

M. Mon, *député,*
ancien ambassadeur à Paris.

IV

OPINION DES JOURNAUX ESPAGNOLS SUR LE DISCOURS DU GÉNÉRAL PRIM

La Esperanza.

I.

Avant le discours du comte de Reus, on ne pouvait clairement expliquer certaines clauses : ce discours est venu les étaler au grand jour. Jusqu'à ce moment, on pouvait seulement supposer que le comte de Reus n'avait sollicité sa nomination de chef de l'expédition du Mexique que pour soutenir uniquement les idées *anti-espagnoles* qu'il avait émises dans son discours au Sénat. Mais maintenant, par ses paroles d'hier, on voit le soupçon devenir une certitude.

Avant ce discours, on pouvait trouver certaines excuses à la conduite du comte de Reus. On pouvait y trouver une erreur de l'esprit due à une cause honorable, erreur que l'on devait regretter, mais nullement condamner. On pouvait y trouver certaines susceptibilités exagérées ou certains faits concédés à l'esprit de parti.

Ce discours rend toute disculpation impossible. La conduite du comte de Reus est inexcusable, soit comme général, soit comme diplomate, soit comme Espagnol, soit même comme orateur, et soit encore comme homme d'instruction et de talent. Le comte de Reus s'est donc complétement anéanti lui-même.

. . . .

Certes, Juarez ne s'y méprit point, il fut si satisfait en apprenant la nomination du général Prim, qu'il fit reproduire et répandre partout, à profusion, le discours que Prim avait fait entendre, en 1858, à la stupéfaction de l'Espagne.

Les conservateurs mexicains ne purent pas, non plus, se faire illusion en entendant les paroles prononcées par le général en chef à son passage à la Havane.

Nous ne pouvons pas non plus nous méprendre quand nous entendons résonner tristement encore à nos oreilles, les paroles prononcées hier devant le Sénat. Oui ! nous devons le déclarer hautement, le général Prim n'a voulu ni fait autre chose, ne s'est occupé d'autre chose dans l'affaire du Mexique, quand il sollicitait le commandement de l'expédition, quand il se mettait à la tête de l'armée, quand il rembarquait les troupes; il n'a fait, disons-nous, que traduire en faits accomplis les paroles qu'il avait fait entendre, il y a trois ans. Certes, en appréciant cette conduite de Prim, nous demeurons dans la vérité.

. . . .

II

Le général Prim disait hier, à la face de l'Espagne, que les Espagnols résidant au Mexique n'étaient, pour la plupart, que de misérables gens sans aveu, bons qu'à ompromettre le gouvernement et dont les réclamations étaient monstrueuses et injustes. C'est à dire qu'il répète ce qu'il a avoué il y a trois ans. Quoi! les trente mille Espagnols qui résident au Mexique et y représentent un capital de 200,000,000 de piastres fortes, sont des misérables! Les Espagnols de Tampico, qui se sont présentés à Prim pour réclamer sa protection et son appui contre les exactions et les spoliations de Juarez, étaient des misérables, leurs réclamations étaient monstrueuses.

Vainement ils représentaient un capital de 30,000,000 de piastres fortes et plusieurs même avaient vu plus de la moitié de leur fortune saccagée par Juarez et ses satellites; ce n'étaient que des misérables que le général Prim devait repousser comme étant la cause de la situation où se trouvait la République; que dès lors ils n'avaient que ce qu'ils méritaient.

Juarez et Comonfort peuvent les faire assassiner, ils peuvent incendier leurs propriétés, le général Prim sera toujours un accusateur; mu par son ardent *espagnolisme*, il défendra les bourreaux, pour qui seront ses éloges les plus grands, tandis qu'il prodiguera sa morgue et ses insultes aux pauvres victimes.

Rien de cela ne fait défaut dans le discours du général Prim. Il se donne à cœur joie d'insulter les Espagnols, de glorifier leurs bourreaux et cela en faisant parade de son *espagnolisme*. Et comme Espagnol, il pose sa conduite en regard de celle de la France, ne prétendant rien moins que faire surgir une nouvelle question de l'an VIII (irritante, mais bien simple, bien sotte prétention!)

. . . .

Sous le patronage du général Prim, *el Eco de Orizaba* rappelait avec complaisance les heureux temps du moyen âge, parce que alors, les grands hommes comme le général Prim fondaient des dynasties. Et c'est cet homme qui a vu les spoliations les plus inouïes, qui a vu tout l'abus de la force, c'est précisément cet homme qui vient se plaindre d'un abus de la force, qui anathématise le moyen âge, qui célèbre bien haut les progrès de la civilisation dans le siècle moderne où l'opinion peut tout, où les droits de la justice sont tout-puissants!

Le général Prim a sans doute appris à connaître le moyen âge et le siècle actuel dans le livre où *il a vu que Moïse dans le désert fit le miracle de la multiplication du pain et des poissons*.

Enfin, et ceci est le plus affreux et le plus douloureux, le général Prim se plaint du manque de mesure avec lequel un député a osé parler de sir Charles Wyke, l'agent anglais, rien que cela.

A peine venait-il de faire ressortir la courtoisie de Juarez, qu'il se prit à parler en termes indécents, de qui? je vous le demande? entendez-le sans frémir! Du saint Père, de cet admirable vieillard qui, seul, en Europe, sans force matérielle aucune, en face de tous les pouvoirs de la terre, soutient la vérité, la justice et le droit.

Oui! le général Prim ôte son chapeau pour parler de Juarez, il se couvre la tête pour parler de Pie IX. Il écoute avec reconnaissance les prouesses de Juarez, il se moque de l'absolution du pape, du vicaire de J.-C. Oui! le général Prim, devant le Sénat espagnol, devant le peuple espagnol, parlant de son amour à la reine Isabelle et de sa fidélité à suivre ses instructions, jette l'insulte à Pie IX.

Malgré tout cela, il peut recevoir de Pie IX une absolution générale, sa conscience peut même oublier ses paroles; mais le peuple espagnol, c'est nous qui l'affirmons, ne les oubliera jamais.

. . . .

Concluons en répétant que le général Prim comme diplomate, comme général, comme Espagnol, comme homme de talent et d'instruction, s'est par son discours d'hier annihilé lui-même aux yeux de toutes les personnes sensées. Ce discours, rempli d'une pauvre phraséologie et d'une recherche affectée à l'élégance, ne s'inspire que de trivialités absurdes tout en affectant une prétention au sublime. Les citations historiques intempestives les plus vulgaires et à la portée de nos petits enfants des écoles, y font un disparate étrange.

Dans tout ce discours on voit régner un espagnolisme de la pire espèce, soutenu par le goût le plus dépravé. Tel qu'il est, c'est une preuve de plus des lamentables effets d'un système qui tend à faire de tout vaillant colonel, un homme politique, un diplomate, un financier de premier ordre, quand ce colonel ne peut et ne doit rester que vaillant colonel.

. . . .

III

Le général Prim a enfin terminé le discours avec lequel, durant trois jours, il a tenu l'attention du Corps législatif.

Nous pouvons donc porter notre jugement sur la conduite du comte de Reus, dans l'expédition du Mexique; ses idées, ses sentiments comme homme politique nous sont pleinement connus, et nous pouvons apprécier et peser tout ce qu'il avait à dire pour sa défense et pour son honneur.

Nous nous hâtons donc, en nous engageant à en fournir les preuves, de déclarer ceci :

Si avant d'avoir entendu le général Prim, nous avons sévèrement jugé chacun de ses actes dans la question du Mexique, après l'avoir écouté attentivement nous devons non-seulement persister hautement dans notre juste censure, mais encore nous devons la répéter plus sévère et l'étendre sur des points dont nous n'avions pas parlé.

Nous pouvons dire, avec M. Rios Rosas, que le général Prim était le *seul Espagnol* qui n'aurait pas dû aller au Mexique, le seul Espagnol auquel le gouvernement n'aurait pas dû confier le commandement de l'expédition du Mexique.

Nous accusons le général Prim d'avoir manqué au traité de Londres, pour avoir reconnu Juarez, et pour avoir traité avec un homme contre lequel avait été conclu l'important traité de Londres, puisque cet homme, ce Juarez, était incapable de donner des garanties valables pour l'avenir.

Nous accusons le général Prim d'avoir manqué à son devoir en repoussant les Espagnols résidant au Mexique, alors qu'il y était allé pour défendre leur vie et leurs intérêts.

Nous accusons le général Prim d'avoir, par sa conduite, rendu nécessaire la rupture d'Orizaba, et d'avoir ainsi fait échouer les résultats d'une expédition destinée à asseoir notre prépondérance en Amérique.

Aujourd'hui, non-seulement nous devons accuser le général Prim de tous ces méfaits, mais encore nous pouvons et nous devons l'accuser de n'avoir été au Mexique que pour réaliser les idées émises dans son discours de 1858; de n'avoir fait au Mexique qu'une politique personnelle, rien que personnelle; de s'être constitué non-seulement le défenseur du gouvernement de Juarez, mais encore de s'en être montré l'apologiste le plus éhonté, et d'avoir exposé sa patrie, seulement pour défendre ce Juarez à tous les dangers des complications les plus graves.

. . . .

Quelles qu'aient été les indécisions, les inconséquences, les contraditions même de l'amiral Jurien de La Gravière, alors qu'il écrivait à Prim que, dès ce moment, l'expédition serait uniquement française, cela nous importe fort peu. L'amiral français, du moins, écrivait ce qu'il devait écrire comme Français ; la nation espagnole n'avait point à s'en offenser, parce qu'en somme l'amiral disait avec beaucoup de finesse au général Prim, que la France ne voulait pas et ne devait pas suivre la politique du général Prim, qui était en tout semblable à celle de Juarez, et qui, en réalité, était la même.

Cette politique de Prim n'était point celle de l'Espagne ; car l'Espagne ne pouvait expulser Almonte, qui avait donné à son drapeau les plus amples satisfactions ; l'Espagne ne pouvait expulser Almonte pour favoriser seulement Juarez, qui lui avait fait de si nombreuses insultes et qui continue ses méfaits envers elle.

La vérité est, et il faut la dire tout entière, que la France avait consenti à ce que ses armes allassent soutenir la politique espagnole. La vérité est que Prim a pu faire la politique espagnole en traînant à sa remorque les armes françaises. La vérité est enfin que son téméraire engagement à ne faire qu'une politique personnelle, souleva la fierté française, qui lui fit payer jusqu'à l'excès ses condescendances. D'où la conséquence nécessaire, mais lamentable, de voir apporter jusqu'en Espagne les résultats de la conduite du général Prim. En effet, le général Prim n'apparaît au Mexique, comme en Espagne, que le serviteur dévoué de Juarez : il se montre partout son agent fidèle et accrédité.

. . . .

Le général Prim n'ayant pas entendu les Espagnols, les ayant éconduits partout et n'ayant écouté que Doblado et Zaragoza, n'a probablement pas pu savoir si on avait commis des exactions contre les Espagnols ; il a pu croire que tout était acte de justice.

Qu'importaient au général Prim ces décrets de proscription et de confiscation qui ont scandalisé l'Europe et l'Amérique ; ces horribles décrets qui ont porté le corps diplomatique à faire cette protestation dans laquelle le gouvernement de Juarez est mis hors la loi !

C'est le gouvernement de Juarez, c'est ce gouvernement qui a dégradé le pays et l'a livré au pillage, c'est ce gouvernement qui a voulu vendre le pays aux étrangers pour quelques millions de piastres. C'est ce gouvernement qui, aux yeux du général Prim, est le seul qui puisse régénérer le Mexique et faire sa félicité.

Au nom des héros espagnols qui ont découvert et civilisé le Mexique, qui ont fait de ce pays un royaume chrétien et florissant ; au nom des héros de Bailen et du 2 mai, qui vainquirent Napoléon 1er ; au nom des trente mille Espagnols que Juarez retient sous son poignard ; au nom des dix-huit millions de catholiques, qui dans cette terre d'Espagne, ont leur cœur et leurs pensées tournés vers Rome; au nom de l'auguste princesse assise sur le trône des rois catholiques et que Pie IX a appelée sa fille chérie, tandis que Juarez l'expulsait du Mexique; au nom de ce gouvernement d'Espagne qui soutient la bannière de Pie IX et qui a ordonné cette expédition destinée à renverser l'abominable Juarez; nous tous, nous protestons contre le général Prim, qui a défendu Juarez, qui a abandonné le Mexique aux Français; nous protestons contre l'apologie que Prim fait du trafiqueur de sa patrie, de cet assassin des Espagnols, de ce vil *insulteur* de la reine Isabelle, de ce fléau de l'Église.

Nous protestons contre les applaudissements du général Prim à la spoliation de l'Église et à la chute des Bourbons en Italie; nous protestons contre ses expressions plus que dédaigneuses envers le vicaire de Jésus-Christ, envers l'immortel Pie IX. Nous protestons enfin contre les fanfaronnades d'espagnolisme qui ont accompagné tous ses actes et toutes ses paroles, réellement contraires et en opposition aux sentiments de tout Espagnol.

La Época.

I.

Nous voudrions, si c'était possible, nous dépouiller de nos opinions les mieux enracinées, pour juger, à un point de vue impartial et sans passions aucune, le discours que le général Prim a commencé hier devant le Sénat dont il fait partie.

Pour juger ce discours, il nous faut non-seulement un haut degré d'impartialité, mais encore un vif et profond sentiment d'indulgence ; car la position du général Prim est difficile, triste et déplorable. C'est la situation de l'accusé qui se défend devant ses juges.

Si cette situation du général Prim était différente ; s'il était réellement défendu par l'approbation du gouvernement de la Reine ; s'il n'avait pas besoin de faire disparaître de la pensée de ce gouvernement, de tous les hommes d'États et de tous ses concitoyens espagnols, les doutes, les incertitudes et les charges graves qui, naturellement, s'élèvent contre lui quand on examine sa conduite comme général et comme plénipotentiaire.

Pourquoi ce discours du général Prim ?

Si le général Prim a reconnu que la politique suivie par le ministère est en harmonie parfaite avec ses actes et ses paroles ; si elle était la conséquence logique des préliminaires de la Soledad, de son attitude aux conférences de Orizaba, comme après le rembarquement de nos troupes, il n'avait pas besoin de se justifier comme fonctionnaire ; car, dans cette politique, il trouvait la plus complète justification.

Si le général Prim est venu parler devant le Sénat comme homme politique, et non comme haut fonctionnaire du gouvernement (car il ne peut oublier qu'il est fonctionnaire), s'il a vu, disons-nous, que les membres du parlement, les journaux et tous ceux qui s'occupent de la chose publique, applaudissaient à sa conduite et marchaient d'accord avec lui, s'il a vu qu'ils ne lui demandaient aucun compte, qu'ils ne l'accusaient pas, il n'avait donc pas besoin de se justifier aux yeux du parlement, ni de l'opinion publique.

Mais la vérité est, et nous devons la dire, que l'opinion publique lui réclamait des comptes et l'accusait ouvertement, et que, de plus, le gouvernement n'approuvait nullement son attitude au Mexique, en blâmant et déplorant le triste résultat de notre expédition. Il le blâme dans les instructions à notre ambassadeur à Paris, M. le marquis de la Habana, et d'une manière plus solennelle, dans le discours prononcé par la Reine à l'ouverture des chambres.

C'est pour cela que nous répétons que la situation du général Prim devant le Sénat est difficile, triste et déplorable, aussi demandons-nous au ciel un sentiment de miséricorde.

Cette situation du général Prim explique pourquoi la question du Mexique a commencé devant le Sénat sous un point de vue exclusif et personnel, et pourquoi, quand il vient la développer, le sénateur Prim s'occupe plus de ses intérêts personnels que de ceux de la patrie.

Ce n'est pas aujourd'hui d'un intérêt pour la patrie, de discuter si elle doit élever une statue au général Prim ou si elle doit couvrir sa réputation politique d'un voile funèbre. Ce n'est pas de son intérêt que la gravité de la situation créée par le général Prim disparaisse dans un tourbillon d'allusions, de récriminations et d'insultes, et que notre chambre se convertisse en une assemblée mexicaine, ni non plus, que les héros de notre tribune espagnole cherchent à marcher sur les pas des tristes héros du Mexique.

La question est tout autre.

Elle a été formulée par le gouvernement de la Reine

dans les instructions à notre ambassadeur à Paris, dont nous avons parlé ; car, qu'on dise ce que l'on voudra, ce qu'il importe à la patrie, c'est de mettre promptement un terme heureux à nos différends internationaux.

Si, dans ce moment, nous voulions remémorer tous les antécédents de cette malheureuse question, toutes les dénégations constamment mises en avant par la république du Mexique envers nos légitimes réclamations ; si nous voulions redire toutes les haines lancées contre notre pays, tous les traités violés, toutes les insultes graves infligées à notre pavillon et endurées silencieusement avec douleur et avec honte ; si nous voulions rappeler tous les crimes, tous les parricides politiques, nous n'en finirions pas.

Si nous voulions encore montrer l'attitude du gouvernement de la Reine devant les Chambres dans les deux moments solennels où il a fait un appel à la force des armes ; si nous voulions reproduire ici, comme peut-être le ferons-nous un jour, les paroles prononcées par la Reine sur le Mexique à l'ouverture des Chambres de 1858 et de 1861 ; si nous venions à analyser un par un les documents autorisés par les ministres responsables, ainsi que les discours de nos hommes politiques, nous verrions que tous, en exceptant seulement le général Prim, ont reconnu la nécessité d'infliger un châtiment à cette république.

Enfin, ce qui est décisif, si nous nous en référons aux protestations du général Prim sollicitant le commandement de l'expédition, ainsi qu'aux déclarations qui se trouvent à chaque pas dans son propre témoignage, exprimé dans la note collective dont lecture a été faite hier au Sénat ; si, d'après tout cela, nous portions notre jugement sur le traité de Londres, comment pourrions-nous y rencontrer l'inspiration des idées pacifiques de notre général et plénipotentiaire?

Nous ne voulons pas être cruels vis-à-vis du général Prim, qui, il nous l'a dit hier, a sollicité d'aller au Mexique, parce qu'il désire toujours se trouver là où il y a à combattre. Quant au Mexique, ainsi qu'il a voulu le démontrer dans toute sa péroraison, il ne s'agissait que de négocier de la paix.

Nous ne voulons pas être cruels vis-à-vis du général Prim, qui a capitulé devant l'ennemi ; car le traité de la Soledad n'est qu'une véritable capitulation par manque de transports, par manque de vivres, par manque d'ambulances ; quand, d'après sa communication du 7 février au gouvernement, il avait plus de moyens qu'il n'en fallait pour aller jusqu'à la capitale, et quand à peine il était demeuré quelques jours sur le territoire mexicain, il embarquait pour la Havane le 6e bataillon de marine et un bataillon de troupes de ligne.

Nous ne voulons point interroger son attitude contradictoire, tantôt pacifique, tantôt belliqueuse, aujourd'hui humble et soumise, demain menaçante sans motifs. Nous ne lui parlerons pas de l'apparition d'*el Eco de Europa*, journal qui se publiait au quartier-général de l'armée, sous les auspices du général, et qui, certes, méritait bien un paragraphe dans son discours ; nous ne dirons rien non plus de tant d'autres faits plus ou moins graves que nous réservons, et sur lesquels nous espérons entendre le comte de Reus aujourd'hui ou demain.

Les explications qu'il ne va pas manquer de donner ne seront probablement pas plus satisfaisantes que celles que nous avons entendues hier; il vaudrait certainement mieux qu'il se renfermât dans un noble silence.

Nous aurons le temps de nous occuper du discours du général Prim et nous ne pensons pas qu'il discute notre aptitude comme il discuta hier celle du marquis de Novaliches, parce que cela est contraire à toutes les formes et à toutes les règles parlementaires et parce que jamais dans un parlement on ne discute les capacités, on conteste seulement les raisons bonnes ou mauvaises des hommes qui s'occupent de la chose publique dans la presse et dans le parlement.

Pour nous, aujourd'hui, il nous suffit de constater et de consigner ce fait que le général Prim, cherchant à trouver une interprétation pacifique dans le traité de Londres, est en contradiction avec la politique du gouvernement, qui dans ses instructions au marquis de la Habana, déclare qu'il promet de soutenir sans distinction et conjointement, les réclamations de chacune des puissances alliées, et que ce fut là le premier motif de désaccord entre les plénipotentiaires. Le gouvernement déclare qu'il promet d'envoyer des forces nouvelles en cas d'arrangement, ainsi qu'il en avait déjà fait partir, non pour être comme aujourd'hui dans le cas de dire qu'on n'a obtenu aucun des résultats du traité de Londres.

Avec ces instructions d'une main, et de l'autre le discours de la Couronne, nous contestons, nous, au comte de Reus, l'accusation qu'il a adressée à quelques journaux ministériels. Ce sont ces documents qui, en même temps, sont venus justifier la position patriotique de notre digne ami M. Coëllo.

Il est encore un autre fait, pour terminer, dont nous nous occuperons rapidement, fait qui démontre que celui qui se contredit, que celui qui ne peut certes pas se dire ministériel, est le comte de Reus, directeur-général du génie.

Pour nous, avec ou sans raison, mais avec une profonde sincérité, nous croyons que la pensée qui donne vie à notre parti n'est point une illusion. Nous ne croyons pas, comme le général Prim, que nos gouvernants, durant ces quatre dernières années, ont mené la vie paresseuse des Dieux. Nous ne croyons pas qu'après tant de faits glorieux et tant d'actes législatifs, qui ne peuvent que perfectionner notre organisation politique et administrative, nous soyons seulement au même point que le premier jour, et que la situation présente ne laissera rien après elle, et que le lendemain de la chute de notre ministère nous nous disperserons tous comme le peuple juif.

Si nous avions cette pensée comme le croit lui-même le général Prim, si nous étions purement modérés ou purement progressistes à la façon du général Prim, nous ne ferions certainement pas le sacrifice de nos convictions en faveur d'aucune personnalité.

Que le public compare maintenant notre attitude avec celle du comte de Reus.

Nous suivrons autant que possible la forme et le ton dont le général Prim s'est servi dans son discours. Hier il a été plus modéré qu'avant-hier ; nous allons tâcher de l'imiter.

On comprend parfaitement que, quand nous rendons compte des sessions du Sénat, nous ayons à communiquer autre chose que l'impression que nous en éprouvons, nous réservant le droit d'analyser et de porter notre jugement sur toutes choses, selon le plus ou le moins d'importance que nous y attachons et qu'elles peuvent produire sur le pays.

Dans notre opinion, l'effet du discours Prim ne sera pas grand'chose. Jusqu'à présent tous les journaux sont d'accord sur ce point.

Il n'y a eu rien de nouveau de démontré, aucune nouvelle raison, en un mot, aucun fait nouveau n'a été porté à la connaissance du public.

Fascinés par une parole sympathique, imbus de l'idée qu'avaient fait naître les avis des plus intimes du général Prim, nous nous attendions à des révélations instantanées qui devaient produire un changement miraculeux dans l'opinion publique. Notre espérance a été complétement déçue.

Dans la première session, en enlevant du discours du général Prim toutes les allusions personnelles qui ont été nombreuses et dont quelques-unes ont été véritablement offensantes et d'autres totalement innocentes et sans portée, nous n'avons entendu rien autre chose de nouveau que ce qui est survenu à la Vera-Cruz, chez le général Prim, entre lui et le comte de Saligny. C'est là un incident curieux et même divertissant ; mais rien de plus. Pour nous, non plus que pour *la Esperanza*, ce n'était pas une chose nouvelle d'entendre, que le général Prim avait sollicité d'aller au Mexique ; nous le savions il y a plus d'une année.

Le comte de Reus ne nous a dévoilé aucun secret en parlant des lettres de l'amiral de La Gravière ; nous en avons pris connaissance dans le discours prononcé devant le Corps législatif français par M. Billault. Quant à l'entrevue avec le général Almonte, il n'y a rien de particulier qui n'ait été dejà énuméré dans le procès-verbal des conférences d'Orizaba.

La seule chose intéressante qu'ait dite hier le comte de

Reus, consiste dans ce qu'il énumère, relativement à la nouvelle reçue par sir Charles Wyke, à savoir que le gouvernement du Mexique continuait à dépouiller le pays et exigeait de nos compatriotes deux et demi pour cent sur tous leurs capitaux, et de plus, sous forme d'emprunt forcé, cinq cent mille piastres devant être fournies par six maisons de commerce. Ici le comte de Reus nous avoue qu'il fut induit en erreur; car il avait supposé que trois de ces maisons de commerce étaient espagnoles, tandis qu'il n'y en avait qu'une seule, et encore était-elle hispano-américaine : *c'était la sienne.* Un semblable attentat, soit dit en passant, est le moindre qu'a commis le gouvernement de Juarez; mais il irrita tellement le comte de Reus, que nous croyons lui payer un juste tribut en transcrivant ci-après la lettre que le 21 mars il adressa à ce sujet à l'amiral de La Gravière :

« Pouvons-nous permettre, disait le comte de Reus, que, tandis que nous demeurons tranquillement dans nos cantonnements, les exactions du gouvernement continuent contre nos nationaux sur tous les points de la République; que l'on exige deux et demi pour cent sur les capitaux comme on vient de le faire, et comme Doblado prétend en avoir le droit? Pouvons-nous permettre que le général Doblado remette en vigueur, comme il nous en menace, le décret qui prohibe tout mouvement commercial entre la douane de la Vera-Cruz et l'intérieur, si ladite douane n'est pas remise entre ses mains? Pouvons-nous permettre que l'on exige un emprunt forcé de 500,000 piastres sur six maisons du Mexique, en imposant 100,000 piastres à chacune des trois maisons espagnoles? Telles sont les raisons qui nous portent, sir Wyke et moi, à adopter la position énergique dont nous vous avons entretenu en nous séparant. Vous trouverez ci-joint la dernière lettre du général Doblado, et vous jugerez, dans votre orgueil national, si la sécheresse de son langage peut nous convenir. Vous trouverez dans ladite lettre et dans les explications que je vous ai fournies la véritable cause de nos dispositions belliqueuses. Ne veuillez point en chercher d'autre raison ; il n'en existe pas. »

Et en effet, il ne pouvait y en avoir d'autre, quand on sait que le général Prim avait manisfesté, dès le principe, les intentions les plus pacifiques, et qu'il avait pris le plus grand soin dans ses relations toujours de plus en plus amicales et bienveillantes avec le gouvernement de la république. Tout ce que le comte de Reus nous a dit hier trouve son explication dans ces mêmes dispositions conciliatrices, et toutes de déférence envers le gouvernement lui-même, contre lequel, dans sa propre opinion, nous n'allions point faire la guerre, malgré l'expulsion de notre ambassadeur don Francisco Pacheco, dernier outrage à ajouter à tant d'autres, endurés en silence par la généreuse nation espagnole.

Le général Prim n'a jamais vu dans la triple alliance et dans l'envoi d'un corps de 8,000 hommes, autre chose qu'un moyen d'obtenir des réparations qui, comme le dit fort judicieusement un journal de ce soir, aurait pu être facilement obtenues par l'une ou par l'autre des puissances, par l'envoi d'une simple frégate, et ce qu'offraient d'obtenir complaisamment les Etats-Unis, dans le but d'empêcher l'alliance de se former à Londres.

Le général Prim, ainsi qu'il est venu nous l'avouer, a toujours soutenu ses opinions *anti-espagnoles*, exprimées dans le célèbre discours de 1858, et qui faisaient dire, avec ou sans raison, à un orateur distingué du congrès,

« que le comte de Reus, était le seul Espagnol qui ne pouvait aller au Mexique. » Tout cela explique, nous le répétons, ce que le comte de Reus nous a dit hier, devant le Sénat.

Les préliminaires de la Soledad terminés, et nous avons vu que le comte de Reus nous a démontré clairement dans la première partie de son discours, que ce n'était là qu'une véritable capitulation, signée drapeau déployé ; les préliminaires terminés, disons-nous, tout ce qui a suivi n'a été qu'une conséquence logique desdits préliminaires.

Le gouvernement français les désapprouva, le gouvernement anglais les approuve, et le gouvernement espagnol, placé entre la convenance publique et la dignité de celui qui, sur la terre du Mexique, représentait la nation espagnole, ne les approuva ni ne les désapprouva d'une manière positive.

La France surprise, comme tous l'étaient, comme l'était notre gouvernement lui-même, ainsi que le constatent ses documents officiels, la France, disons-nous, en voyant tant d'hésitation, tant d'ajournement, tant de métaphysique ; car il faut bien le dire la conduite des plénipotentiaires offrait quelque chose de métaphysique et de surnaturel, la France se décida à donner les instructions les plus énergiques à ses représentants.

. . . .

Il est vrai que les plénipotentiaires des puissances alliées ont offert au Mexique un lamentable spectacle qui n'a de précédent nulle part dans tous les fastes de la diplomatie.

Le comte de Reus a manqué. En premier lieu, il a compromis les intérêts de sa patrie en soutenant une politique que, hier encore, il présentait comme très-libérale dans une de ces boutades d'enthousiasme que lui inspire de temps à autre sa propre personnalité.

Il allait au Mexique défendre une politique conservatrice, *protéger la constitution d'un gouvernement régulier et stable*, ainsi que l'a exprimé le ministre d'État dans une de ses dépêches, et le général Prim, au lieu de soutenir cette politique, adresse un sarcasme aux premiers hommes politiques qui lui sont présentés à la Havane.

Il reconnaît Juarez, ce dont il n'avait pas le pouvoir. Il négocie, il capitule et il est toujours l'homme du discours de 1858.

Les plénipotentiaires français manquèrent également à leur mission en protégeant incidemment le général Almonte, sans que rien dans leurs instructions antérieures ni postérieures pût justifier leur conduite, justifiable seulement par celle absolument contraire du comte de Reus.

Les commissaires anglais faillirent également à leur mandat en maintenant le premier point de vue du projet de convention présenté par l'Angleterre et en perdant de vue celui du traité de Londres.

Tous manquèrent donc à leurs instructions en convertissant une question de haute politique et de diplomatie, et que nous considérions comme d'un immense avenir, en la faisant tourner en une question d'amour-propre, de rivalité, si tristement personnelle, et qui, après un si longtemps écoulé, excite notre honte rien qu'en lisant les actes d'Orizaba.

Pour terminer aujourd'hui, qu'il nous soit permis de donner un conseil au comte de Reus. Il est indispensable qu'il ne perde pas de vue qu'il est un homme public comme tout autre, et qu'il ne peut point traiter les souverains familièrement d'égal à égal. Il faut qu'il n'oublie pas qu'il est un homme constitutionnel, qui ne peut jamais s'en référer à notre auguste Reine, quand il s'agit d'approbation ou de désapprobation de sa conduite, dont seulement le gouvernement est exclusivement responsable. Il faut enfin qu'il se rappelle qu'il n'est qu'un simple mortel, enfant du dix-neuvième siècle, qu'il ne peut point remonter aux temps homériques où le plaça *el Eco de Europa*, sur la publication duquel journal nous n'avons pas encore entendu d'explications.

Demain nous poursuivrons notre jugement.

Nous allons terminer notre appréciation sur la dernière partie du discours du général Prim en nous en rapportant à l'extrait que nous en fournit le journal officiel, car nous n'avons pu l'entendre. Notre jugement en sera plus froid, plus certain, pour examiner cette péroraison que, malheureusement pour le comte de Reus, il a terminée d'une manière bien peu digne, bien peu sérieuse, en racontant l'histoire du salut adressé par le général Calonge qui, autrefois, le saluait en lui disant : « adieu, républi-
« cain, » plus tard : « adieu, ex-républicain » et enfin
« aujourd'hui, adieu, bon libéral. »

Nous serons bref. Le discours prononcé hier par D. Juan Prim peut être considéré sous deux points de vue.

Eu égard au gouvernement impérial ou, pour mieux dire, au ministre orateur, M. Billault, et, eu égard à la république du Mexique, et plus spécialement à son président actuel, Benito Juarez.

Sous le premier point de vue, nous ne verrions aucun inconvénient à soutenir la cause, non du général Prim, parce que cela est impossible, mais de tout général espagnol, ministre plénipotentiaire, qui se voit attaqué avec peu de ménagements dans le sein d'une Chambre étrangère, même par un organe autorisé, officiel, d'un gouvernement étranger. Nous ne sommes certes pas Mexicains, mais nous ne sommes pas non plus Français, nous sommes simplement et entièrement Espagnols.

. . . .

Mais poursuivons et examinons le second point de vue du discours prononcé hier par le comte de Reus. Que nos lecteurs se remémorent le discours dudit comte, de l'année 1858, dans lequel il dénie à l'Espagne toute raison et toute justice pour réclamer du gouvernement mexicain l'accomplissement du dernier traité, signé en 1853, ni pour demander satisfaction des insultes graves infligées à notre pavillon, des exactions souffertes par nos nationaux, et des assassinats commis à San-Vicente, à Cuernavaca et autres lieux.

Nos lecteurs se rappelleront ce discours où le général Prim se proposait de faire éviter à l'Espagne l'accomplissement d'un grand crime au Mexique, et où l'on disait que tous les gouvernements qui se sont succédé depuis que cette question est soulevée, ont traité la république mexicaine avec la plus criante injustice. Il va même, par anticipation, jusqu'à accuser le gouvernement actuel de la Reine, de commettre une action indigne d'une nation civilisée, s'il avait la pensée d'apporter jamais la guerre au Mexique et d'y exercer une action indigne d'une nation libre et généreuse comme l'Espagne. Que nos lecteurs se reportent à ce discours si tristement célèbre qui porta le sénateur Pastor Diaz à écrire qu'aucun ennemi de l'Espagne n'aurait pu fulminer une déclaration d'incapacité plus absolue contre la nation, contre tous les pouvoirs, contre la souveraine de l'Espagne.

Eh bien ! tout ce que le général Prim a débité hier, est la reproduction littérale de ce fameux discours. Le gouvernement espagnol, d'après le général Prim, doit traiter avec affection la république du Mexique et son président Juarez.

« Le gouvernement espagnol, disait le général Prim, pourra en son temps envoyer au Mexique son représentant, et il fournira, sur cette république, les satisfactions et les réparations qui sont dues. »

On comprend parfaitement que ce gouvernement, qui a mis des paroles complétement opposées sur les lèvres augustes de S. M. la reine à l'ouverture de la précédente législature et de celle-ci, ne peut certes pas autoriser la commission de l'adresse à accepter l'amendement du général Prim, et que mise aux voix, cet amendement ne pouvait pas même être pris en considération par le Sénat.

Quoi qu'il fasse, le général Prim ne pourra jamais détruire l'effet de cette déroute.

Nous examinerons plus tard, dans son ensemble, le discours du comte de Reus ; il nous sera facile de démontrer qu'il n'a pas été à la hauteur d'un homme d'État ; sa politique peut être très-mexicaine, elle ne saurait être espagnole. Si nous suivions le chemin qu'il a entrepris, nous irions nous engloutir dans un abîme avec toute notre glorieuse histoire et avec toute notre influence présente et future en Amérique.

El Contemporaneo.

Dans les discussions actuelles, peut-être avons-nous été trop indulgents avec le plénipotentiaire et le chef de l'armée espagnole dans la république du Mexique. car nous pensons que la faute de tout ce qui est survenu dans ce pays doit en être imputée à notre gouvernement, seul responsable après qu'il a eu approuvé la conduite de cet homme public, son représentant. Nous avons donc dirigé nos attaques contre le ministère qui rampait aux pieds du comte de Reus en le couvrant de toute responsabilité, en applaudissant même à son attitude, quand elle pouvait entraîner après soi les plus graves conséquences.

Mais aujourd'hui c'est autre chose, il faut protester contre certaines paroles lancées par le marquis de Castillejos, paroles qui nous paraissent inconvenantes et déplacées dans la bouche d'un sénateur espagnol.

A quoi vient aboutir cette défense des Mexicains, cette apologie de Juarez que nous avons entendu faire par le général Prim avec un si grand soin devant le Sénat ? Personne ne peut mieux répondre à ces questions que le cabinet qui dirige nos affaires publiques. Juarez, il y a longtemps que nous l'avons dit, est le chef des assassins des Espagnols, c'est lui qui a eu l'infamie d'expulser notre ambassadeur, lui qui a toujours manqué à ses compromis, et qui a déchiré tous les traités, lui qui n'a jamais voulu faire droit à nos justes réclamations, lui qui a persécuté nos compatriotes. Le ministre l'a déclaré lui-même en plaçant même cette accusation dans le discours du trône. Juarez, cet homme que le gouvernement de la Reine vous a montré comme inique, politiquement parlant, comme l'ennemi acharné de notre pays, de nos intérêts et de notre honneur, cet homme trouve parmi nous un défenseur, un admirateur dans le général Prim, dans le ministre plénipotentiaire de l'Espagne, commandant en chef de nos troupes au Mexique.

L'impression causée par le second discours du comte de Reus a été triste. L'orateur semblait parler en faveur des Mexicains, et nullement pour des Espagnols qui sentent au cœur les offenses que leur a faites cette république, offenses sur lesquelles on n'a encore donné aucune explication.

Quoi ! quand M. Calderon Collantes a mis dans le discours d'ouverture de la dernière législature les paroles que tout le monde connaît, ne savait-il pas alors officiellement les attentats commis au Mexique? Que le général Prim veuille les disculper tant qu'il voudra, est-ce que les insultes et les offenses faites au gouvernement espagnol ne sont pas publiques et ne sont pas connues du monde entier ?

On ne peut comprendre ni disculper la conduite du marquis de Castillejos. Si nous étions à la place du général Prim et si nous pensions comme nous avons vu qu'il pense par son discours d'aujourd'hui, nous demanderions une place dans l'armée du Mexique pour défendre les intérêts de cette république.

Le gouvernement, ainsi que le général Prim, qui qualifient de *afrancisés* tous ceux qui leur sont contraires, ne voient-ils pas qu'ils sont eux-mêmes franchement et ouvertement *Juaristes* ?

. . . .

Au temps de l'indépendance, un général donnant le rapport d'un combat pour être imprimé et publié, reçut de son secrétaire la demande de savoir si l'on devait mettre quelque chose au sujet de la bravoure et de la valeur des ennemis, ce général répondit : « Que des Français célèbrent la gloire des Français. »

Nous pourrions faire la même réponse au général Prim. « Que les Mexicains chantent la gloire de Juarez, si on trouve des Mexicains qui veuillent la chanter. »

El Diario Espanol.

I

Le comte de Reus alléguait dans la session du 10 décembre, que l'un des motifs qui avaient concouru à le décider à la rupture et à rembarquer le corps expéditionnaire espagnol, était les compromis des trois puissances avec les États-Unis. Mais en citant immédiatement la politique de Monroé dans les explications et garanties de ces compromis, il a démontré jusqu'à l'évidence qu'il s'était complétement mépris, et qu'il s'était formé de l'intervention armée au Mexique, une idée tout à fait erronée, qui ne pouvait qu'être préjudiciable à ses résultats.

En mettant le pied en Amérique, le général Prim rompait et annulait à la face des États-Unis un système politique, qui, durant un espace de quarante ans, a, pour ainsi dire, tenu l'Europe éloignée des affaires du Nouveau-Monde; qui, durant la moitié de ce laps de temps, a pu servir à affermir cette indépendance heureuse ou malheureuse, comme on le voudra, chez ces républiques Hispano-Américaines, tandis que l'autre moitié de cette période a été employée à faire la remise de ces pays aux États-Unis, lesquels, tôt ou tard, devaient finir par se les annexer pour assouvir les impérieuses exigences d'un État basé sur l'esclavage.

Eh bien ! le général Prim, au lieu de comprendre que si les nations étrangères et le gouvernement espagnol voulaient fonder au Mexique un gouvernement stable, c'était pour garantir autant que possible l'indépendance de la nation mexicaine et pour éviter son absorption par les États-Unis.

On avait utilisé dans ce but, l'état de crise où se trouvent les États-Unis.

Le général Prim s'est montré un fervent partisan de la doctrine de Monroé; il l'a adoptée comme un témoignage de la difficile et importante mission qui lui était confiée.

Le comte de Reus se trompait lui-même et trompait sa patrie et son gouvernement, en mettant un frein à son instinct et à ses habitudes de soldat; en condamnant à l'impuissance, le talent du général, pour se limiter à celui du diplomate !

Les phrases de son discours relatives aux États-Unis, prouvent qu'il ne comprenait nullement le caractère de l'intervention alliée, non plus que le traité de Londres. Il n'a pas d'avantage compris les instructions de son gouvernement; et quand il a cru agir en diplomate, il a procédé de la manière la plus opposée et la plus incompatible avec la diplomatie, c'est à dire qu'il a agi comme homme de parti, comme démocrate américain, comme ennemi de l'indépendance du Mexique, comme partisan de la doctrine de Monroé.

Il a agi encore comme démocrate mexicain et américain, quand il exaltait l'excellence du gouvernement de Juarez, disposé à vendre aux États-Unis la moitié de la république mexicaine.

Combien il eût mieux valu que refrénant ce radicalisme cosmopolite, le général Prim, puisqu'il ne savait pas être diplomate, se fût borné à être général ! !

. . . .

II

La popularité du général Prim, dans le parti rouge mexicain, est immense, elle passe celle de Juarez lui-même. Qui sait s'il n'y a même déjà une statue.

S'il plaisait au général Prim, de faire un voyage au Mexique pour y surveiller les immenses intérêts qu'il y possède, qui sait si la présence de Juarez au pouvoir, ne serait pas seulement maintenue par les modestes penchants du comte de Reus, qui, comme il l'a dit devant le Sénat, préfère chasser le sanglier dans les forêts de Tolède, plutôt que de rivaliser au Mexique avec les Alvarez, les Juarez, les Comonfort et autres. Ceux-ci peuvent donc appliquer à leur manière et conformément au climat et au tempérament le *Contrat social*, les *Droits de l'Homme*, les traditions de la Convention française et autres sources du libéralisme de Prim, que d'autres appelleront avec plus de raison la démagogie à la mexicaine.

Nous ne doutons nullement que le général Prim, mis dans la nécessité d'opter pour l'héritage des Alvarez, des Juarez et celui de Garcia del Castagna, choisirait ce dernier; mais il n'est pas moins indubitable, qu'il aurait à lutter avec les sympathies que peut toujours inspirer un peuple disposé à nous honorer comme un nouveau Démétrius.

Nous nous permettons cette comparaison moitié classique, car si on n'a pas projeté jusqu'à présent au Mexique, d'ériger une statue en l'honneur du général Prim, c'est que, dans cette république, on n'y connaissait pas encore toutes ses opinions sur cette politique généreuse et magnanime qu'il convient de voir l'Espagne suivre en Amérique, non plus que son exaltation au sujet du parti rouge mexicain. On n'avait pas encore entendu ses comparaisons entre le respect que seraient à même de rendre les peuples mexicains, eu égard au droit des gens et aux coutumes des peuples les plus civilisés. Nous ne doutons pas que lorsque tout cela sera connu au Mexique, il n'arriver ce qu'aucun Démétrius du monde n'a vu, un grand nombre de statues élevées au comte de Reus.

Il est vraiment singulier que l'on abuse à ce point les personnes candides, ou de l'espèce dont parle le renard. Il y en a beaucoup et ce sont avec des paroles offensantes qu'on caractérise l'étranger, et cependant au Mexique, la première statue qui s'élèvera pour l'étranger en l'honneur d'un personnage espagnol de notre époque, quand il y en a plusieurs de si éminents, sera pour le comte de Reus.

Qu'il la mérite, nous le voulons bien. Un général d'un

caractère belliqueux, proposant dans les négociations d'honneur et d'intérêt national comme plan le meilleur en Amérique, celui de présenter l'autre joue, et qui rengaine son épée pour faire le panégyrique d'un Indien recouvert d'un habit noir et déclamant le fameux : Que les armes le cèdent à la toge.

C'est là un spectacle nouveau, intéressant et vraiment méritoire.

El Diario de Barcelonne

Le général Prim, dans une session mémorable du Sénat, traitant de nos démêlés avec le gouvernement du Mexique, nous distribua quelques vérités sur lesquelles nous sommes d'accord avec lui. Il y a, en effet, quelques Espagnols résidant dans la république mexicaine, qui se rendent indignes de la protection du gouvernement espagnol. Ils se mêlent aux dissensions intestines de ce pays bien plus qu'il ne convient à un résident étranger. Le général Prim, emporté par la chaleur avec laquelle on soutient toujours la thèse que l'on défend, a exagéré les arguments jusqu'au point de placer toute la raison du côté du gouvernement du Mexique et de mettre toute la faute du côté du gouvernement de l'Espagne. Dans cette circonstance, le général Prim a eu le malheur de mériter la désapprobation de tout le Sénat, de toute la presse, sans distinction de partis. Il s'est présenté en dissidence absolue avec ce même cabinet qui occupait le pouvoir le jour où il fut nommé général en chef du corps expéditionnaire et ministre plénipotentiaire au Mexique.

Pourquoi le général Prim est-il allé au Mexique?

Pour exiger du gouvernement de cette république l'accomplissement de ces traités dont il avait dénié la validité et pour demander la satisfaction d'offenses qui, dans sa pensée, n'existaient pas.

Le président du conseil a déclaré, et le général Prim a confirmé que, lui-même, marquis de los Castillejos, il avait spontanément demandé l'importante mission d'aller au Mexiqne. Cela signifiait que le général Prim avait abjuré ses anciennes erreurs et qu'il désirait donner au pays une espèce de satisfaction publique digne de son patriotisme.

. . . .

Ce en quoi le comte de Reus n'a pas été aussi heureux ; ce en quoi il a été malheureux et peu prudent, c'est d'avoir voulu convertir une question personnelle en une question nationale. C'est d'avoir voulu en appeler à certaines glorioles, d'avoir lancé certaines bravades, qui sonnent mal dans la bouche de tout homme sérieux, et surtout dans la bouche d'un vaillant militaire.

Pour se défendre, le comte de Reus n'avait pas besoin de s'abriter derrière le sentiment national. Il n'avait pas besoin d'évoquer des souvenirs qui aigrissent toute une nation irresponsable des fautes d'un ministre ou d'un cabinet. Le général Prim possède dans son histoire militaire et dans ses qualités personnelles, un bouclier assez fort pour parer tous les coups de ses adversaires d'au delà les Pyrénées.

Quelque élevée que soit la position du général Prim, elle ne l'est pas assez pour que ses offenses puissent amener un *casus belli* pour la nation espagnole. Il nous faisait pitié de voir un homme de cette intelligence éclairée et de ce caractère fier, s'abaisser à faire défiler une à une devant le ministre français, toutes les forces de mer et de terre en manière de spectacle de mélodrame. Ces ressources oratoires de mauvais aloi, ces appels à la vanité nationale, tirés par les cheveux et attachés à son discours avec des épingles, devaient être laissés par le général Prim, comme le patrimoine des déclamateurs de pacotille.

Rappeler que nos pères défendirent avec héroïsme l'indépendance du pays, peser l'amour de tous les Espagnols, pour leur patrie, énumérer les moyens sur lesquels nous pouvons compter, pour résister à une invasion étrangère, c'est proclamer ce que personne n'ignore, ce que personne n'a mis en doute, pas même M. Billault.

Le grand défaut surtout de toutes ces bravades, c'est le manque d'opportunité et les apparences qu'elles étalent d'être le piédestal de l'amour-propre du général Prim. Cela lui donnait des airs de souverain, prononçant une proclamation en face de l'ennemi prêt à passer la frontière.

La considération que le général Prim se doit à lui-même, et la gravité de la haute chambre, exigeaient de sa part le sacrifice de ces effets d'oripeaux.

La Regeneracion.

Les trois puissances, après de longues conférences, sont convenues d'envoyer leurs forces en Amérique, non pour opprimer la liberté du peuple mexicain, mais précisément pour lui donner la liberté, afin qu'il pût manifester sa souveraine opinion et en même temps pour qu'il pût donner des satisfactions et des garanties.

Les soldats d'Europe mirent le pied en Amérique et arborèrent ensemble les étendards de l'Espagne, de la France et de l'Angleterre. Que firent-ils ensuite? O honte! que firent-ils? Les reines d'Espagne et d'Angleterre et l'Empereur des Français, dans la personne de leurs plénipotentiaires, allaient-ils donc traiter amicalement avec l'Indien Juarez?

La reine d'Espagne a dit à la nation réunie en Cortès, « la France, l'Angleterre et l'Espagne se sont mises d'accord pour obtenir les réparations dues aux offenses reçues et pour en obtenir les garanties nécessaires propres à éviter le retour des intolérables attentats qui ont scandalisé le monde et outragé l'humanité. »

Et M. Calderon tonnait aujourd'hui même devant le Sénat contre Juarez, « et ses rouges partisans » et disons-le, le ministre reconnaît qu'il est naturel qu'ils soient les ennemis de l'Espagne.

Et ils n'ont pas encore été noyés dans le sang des Espagnols, ces hommes qui ont ignominieusement expulsé du Mexique l'ambassadeur d'Espagne!

Ne sont-ils pas les persécuteurs de l'Église catholique?

En écoutant attentivement M. Calderon parler hautement contre les rouges, je jetais de temps en temps les yeux sur le général Prim.

Le ministre a approuvé la conduite du général Prim, car certainement personne ne peut l'attaquer sans accuser le ministère. M. Calderon déclarait magnifique la défense du général, et sans doute M. Calderon, entraîné par la force de la vérité, en même temps qu'il s'accusait lui-même d'imprévoyance, accusait amèrement le général-ambassadeur.

Qui était Juarez? l'Angleterre, la France et l'Espagne l'avaient proclamé. La reine d'Espagne l'avait dit aux Cortès espagnols. M. Calderon le confirmait, et cependant le général Prim a été en Amérique au bruit des tambours pour se faire l'ami de Juarez sur la terre de Fernand Cortès, et il est revenu en Espagne pour nous donner l'apologie de Juarez dans un sénat espagnol.

Cela paraît impossible! Le soldat qui combattit glorieusement en Afrique quand nous allâmes châtier le Maroc qui nous avait offensé bien moins que *les rouges*; le soldat qui, en Afrique, dut voir les traces saintes et glorieuses de Charles V et du cardinal Cisneros; le soldat qui, en Amérique, dut se prosterner et embrasser les traces de Fernand Cortez; ce soldat de héroïque valeur, sans aucun doute, et doué de nobles qualités, se fait, ô douleur! l'ami *des rouges* et il a encore le courage maintenant de faire leur apologie devant la reine et à la face de l'Espagne?

El Reino.

La question du Mexique est d'un très-haut intérêt pour notre patrie, parce qu'elle renferme en soi le grand problème de l'influence de l'Espagne sur ses anciennes colonies américaines, problème dont l'heureuse solution serait si désirable. Elle a un rapport intime avec notre prestige parmi les grandes nations de notre continent. Elle se lie au cours entier de notre vie, par ses racines profondes et cachées. C'est une question d'honneur et d'intérêt relativement à nos relations en Amérique ; c'est une question de dignité devant la France et devant l'Europe ; c'est une question d'agrandissement national. La question du Mexique est tout pour nous.

Le premier, le véritable objet de notre expédition, c'est-à-dire l'obtention de réparations aux offenses et de garanties pour l'avenir, se trouve loin d'être accompli. Nous nous trouvons aujourd'hui dans le même cas qu'avant l'expédition, ou, pour mieux dire, nous sommes aujourd'hui *bien pire encore*, car nous avons vainement dissipé de nombreux millions ; nous avons inutilement fait une entreprise, et en compromettant notre influence en Amérique, nous avons laissé les Français maîtres absolu du terrain.

Il est impossible de calculer tous les dangers que le comte de Reus et la mortifiante attitude du cabinet peuvent accumuler sur notre chère patrie, sur le trône espagnol et sur les institutions représentatives.

La politique du général Prim au Mexique, nous le répéterons cent fois, a été une politique *anti-espagnole* ; une politique combattue aussi bien par la presse indépendante que par les organes les plus autorisés de ce même gouvernement aveugle, qui, maintenant, par son silence forcé, adhère aux affirmations téméraires sorties de la bouche du général Prim.

Le général Prim, par le texte de son amendement rejeté, texte tiré d'un écrit du ministre d'État, proclame des principes et des doctrines qui sont une véritable antithèse avec les vingt-trois documents diplomatiques échangés entre la France et l'Espagne depuis le rembarquement des forces expéditionnaires espagnoles au Mexique et qui ont été présentés aux Corps législatifs. Il a frappé un coup mortel à la situation présente malencontreusement inaugurée. Mais, comme cette situation, symbolisée par le héros de Campo de Guardia, est sans doute destinée à cacher sa honte sous des ruines; il attend l'heure de la grande catastrophe qui le menace, il voit la nécessité dans laquelle se trouvent tous les partis constitutionnels d'élever leurs voix patriotiques jusqu'au trône royale, afin de conjurer la tourmente, afin de faire éviter les maux que la malheureuse question du Mexique entraîne après soi pour notre pays.

. . . .

Pensamiento Espanol.

I

Pour ce qui nous regarde nous dirons en deux mots l'ordre d'idées et de sentiments que nous suggère cette démonstration inopportune d'ultra-libéralisme de l'orateur. Celui qui avec de telles idées a été le chef d'une expédition, dont l'un des buts indubitables, implicites, était la restauration de l'ordre social si fortement outragé par la barbare démagogie de Juarez; il n'a pas fait ni n'a pu faire ce qu'exigeait les plus saines idées d'ordre; de manière à ce que l'Espagne représentât là ce qui était de sa compétence.

D'après le discours prononcé hier par le général Prim, nous comprenons pourquoi ses adjudants ont parlé comme ils l'ont fait dans la capitale du Mexique. Nous comprenons pourquoi dès le premier instant de son entrée sur les plages mexicaines, il procéda avec l'intention de libérer, de reconnaître comme légitime le gouvernement de Juarez et de se constituer presque son protecteur, quand il était dans toute la rigueur de la vérité, envoyé pour être son juge. Nous nous expliquons son éloignement du parti conservateur mexicain. Nous nous expliquons, pour le dire en un mot, cette confusion déplorable d'une question qui, par les données connues, peut être déjà parfaitement définie.

Le général Prim s'est justifié dans son discours sur un point qui n'avait besoin d'aucune justification. Il s'agit du rembarquement des troupes espagnoles en conséquence des manifestations des plénipotentiaires français à Orizaba. Même sur ce point, en l'examinant attentivement, peut-être y découvrirait-on certaines vacillations de nature à dominer le naturel de cette patriotique boutade.

Mais le général Prim n'a pas su ou n'a pas voulu se justifier également des mobiles qui l'ont porté à pactiser avec Juarez, à proposer aux alliés et à les convaincre de signer les éternellement injustifiables préliminaires de la Soledad. Il s'est également défendu d'une manière bien faible des suspicions qu'avaient fait naître, relativement à son ambition personnelle, les toasts d'un de ses émissaires à Mexico, ainsi que les articles d'un écrivain, son allié, son ami, son parent, dans un journal créé à cet effet à Vera-Cruz.

De sorte qu'il surgit maintenant un doute; celui de savoir si le conflit d'Orizaba a eu seulement son origine dans la politique du gouvernement Napoléonien, ou si elle n'a pas été l'effet de la politique libérale du plénipotentiaire espagnol, de cette politique qui consistait principalement à laisser Juarez en pied. Par conséquent le doute subsiste également de savoir si ce fut le patriotisme, le dépit, la colère, qui conseillèrent le rembarquement de nos troupes.

II

Le comte de Reus a enfin terminé hier son discours devant le Sénat. Dans la dernière partie de sa péroraison, le général Prim a eu des moments heureux au point de vue de la fierté Castillane, mais il en a eu de déplorables, si l'on pense à ce qui a été et à ce que devait être au Mexique la politique espagnole. Il a eu des moments par trop indiscrets, si l'on réfléchit aux ardentes sympathies qu'il a manifestées pour le vendale Juarez et pour les idées qui ont entraîné la plus épouvantable anarchie chez la nation mexicaine.

On pourrait accumuler des blâmes contre le comte de Reus en examinant minutieusement la partie du discours qu'il a prononcé hier. Il les mérite en premier lieu pour s'être constitué l'apologiste de Juarez, de qui l'Espagne a reçu les offenses les plus graves comme celle de l'expulsion de M. Pacheco, les vexations de toutes sortes envers les Espagnols résidant au Mexique, les persécutions et les outrages à la religion catholique, les attentats inouïs contre l'ordre social, les exemples de férocité et d'horrible immoralité contre l'humanité tout entière. Il les mérite encore pour son ardeur à donner une apparence d'honnêteté aux attentats, quelques-uns sanglants, dont nos compatriotes ont été victimes dans cette république, sous le prétexte que nos compatriotes s'étaient immiscés dans les luttes politiques des partis au Mexique.

Il mérite ces blâmes, en outre, parce qu'en tout ce qui concerne ce gouvernement, à qui nous allions demander satisfactions d'offenses reçues et non lui prêter coopération ou secours, il s'est exprimé avec l'enthousiaste chaleur qu'auraient pu y mettre ses amis les plus ardents. Il les mérite enfin, parce que quiconque, comme Sa Seigneurie, se fût montré au Mexique *plus libéral qu'Espagnol* n'eût pas dû faire parade d'être ici plus Espagnol que libéral en s'exprimant d'une manière plutôt propre à faire naître de nouveaux conflits qu'à terminer honorablement d'antiques dissensions.

Las Novedades.

(Lettres des sujets espagnols résidant au Mexique.)

Mexico, le 28 mai 1862.

Les préliminaires de paix signés entre le comte de Reus, les puissances alliées et D. M. Doblado, ministre des affaires étrangères, produisirent l'impression la plus triste. On crut que l'intention des alliés était de reconnaître le gouvernement actuel et, partant de ce principe, il était impossible d'en espérer rien d'avantageux : heureusement l'on apprit bientôt l'arrivée de nouvelles troupes françaises et l'on connut la résolution de mener l'intervention à bonne fin. Cette nouvelle fut reçue avec joie.

Les Espagnols surtout déploraient les sacrifices faits par la patrie, afin d'obtenir un arrangement avec un état impuissant à l'accomplir : car il n'est personne qui ignore que ces chefs d'Indiens font consister toute leur gloire et tout leur honneur à haïr et à maltraiter l'Espagne et tout ce qui en provient. Çela est au vu et au su de tout le monde, du riche comme du pauvre, du savant comme de l'ignorant : il n'y a que le comte de Reus qui puisse l'ignorer. Les Espagnols craignent donc Juarez et appréhendent ses actes.

Ces craintes et ces appréhensions s'appuient sur les antécédents connus du comte de Reus dans cette question et sur de nombreux faits signalant son arrivée dans la république, dont l'un apparaît dans son adhésion au parti anglais, certes le plus en opposition en Amérique à tous les intérêts de l'Espagne.

. . . .

Dans une précédente lettre nous vous disions que l'expédition Gasset-Rubalcaba, ainsi que le premier manifeste du général Prim qu'avaient signé les alliés à son arrivée, avaient produit une joie générale ; l'on croyait, en effet, voir dans l'action collective de l'Europe occidentale un terme aux fatigues des trois puissances, amené par les exactions des caciques mexicains. On croyait y voir encore une commisération en faveur d'un pays que dévoraient depuis longtemps de stériles et éternelles guerres intestines. On croyait y voir une main protectrice tendue vers ce peuple pour le faire sortir de la dégradation et de la barbarie. Tous les Mexicains capables de penser et de raisonner, et nous tous Espagnols, principalement, nous étions doublement satisfaits en voyant l'Espagne occuper le premier rang dans cette noble mission qui devait régénérer un peuple marchant à sa ruine.

Nous étions fiers de faire sortir une seconde fois ce peuple de l'anarchie pour le placer au rang des nations civilisées.

Nous vous avons encore signalé les craintes qu'avait fait naître la nomination du général Prim pour cette expédition. Le général Prim n'était pas l'homme qui convenait, ses antécédents dans tout ce qui regarde le Mexique, son manque de connaissance spéciale ne pouvaient que compromettre gravement nos intérêts.

Nous vous avons fait connaître que le premier pas dans le Mexique a été d'envoyer à Mexico un député d'un haut rang, mais d'un tact fort ordinaire. Nous vous avons dit l'immense dégoût que nous en avons éprouvé. C'est qu'en effet, à partir de cet instant, l'opinion a été éclairée, et nous avons pu connaître ce que voulait le général. Nous avons alors examiné ces fameux préliminaires de paix, et nous avons vu, que, par la manière dont ils étaient rédigés, ils pouvaient prêter matière à une sage politique, comme à une politique honteuse.

Depuis lors a surgi la question de l'expulsion des Espagnols de Tampico, et, bien que cette mesure arbitraire et cruelle ait été exécutée en décembre 1861, elle n'a pas encore reçu une désapprobation, et d'après les nouvelles arrivées à Mexico le général Prim n'a pas écouté les Espagnols que l'on enlevait violemment de leurs demeures, et dont la fortune a été détruite par la précipitation avec laquelle le gouverneur de cet État procéda à leur expulsion. En tout cela, il montrait à nouveau sa haine particulière contre l'Espagne. Bien que la guerre fût engagée avec l'Angleterre, avec la France et avec l'Espagne, c'est seulement contre les sujets espagnols que ce gouverneur tourne sa fureur.

Au lieu d'occuper ce point, qui pouvait être si utile à ses opérations militaires, le général Prim s'est contenté d'y envoyer un consul, le sieur Obregon, dont l'exéquatur n'a pas été accordé. Du reste, cette nomination était tellement inopportune, que les Espagnols expulsés durent, avec juste raison, protester.

. . . .

Si au lieu de demeurer des mois entiers à Vera-Cruz, le général Prim eût de suite marché droit sur la capitale, il aurait pu imprimer et déterminer une marche régulière à la prospérité de ce pays. Certes, ni l'Empereur Napoléon, ni les troupes françaises ne lui auraient disputé la suprématie qu'il aurait conquise. L'Espagne aurait figuré toujours au premier rang.

Dès lors, si la pensée de l'Europe était, et est encore d'organiser un gouvernement stable, avec les éléments du pays, il eût pu favoriser une lutte légale soutenant et mettant en avant les hommes les plus importants qui sont aujourd'hui cachés sous la terreur. Ils auraient alors pu donner à ce pays une forme de gouvernement et élire ceux qu'ils croyaient les plus capables.

Pour avoir méconnu d'aussi simples raisons, il va se voir enveloppé dans un tel compromis, qu'il lui deviendra difficile de le dominer.

Pour avoir voulu écouter certains hommes dangereux, d'après l'opinion générale, comme le délégué anglais, qui n'est autre qu'un agent de Doblado, notre général se trouve réduit à un rôle ridicule et à être le jouet des circonstances qu'il a fait naître autour de lui.

. . . .

Si le général Prim a cru éviter la guerre et éliminer pacifiquement de la scène politique ceux qui occupent le pouvoir, ce serait là une croyance qui ferait bien peu d'honneur au talent de notre plénipotentiaire. Dans la situation actuelle, ceux qui ont le pouvoir ne l'abandonneront que par la force. Car ils comprennent qu'une fois un gouvernement d'ordre établi, quelle que soit sa couleur politique, ils devront rentrer dans le coin obscur dont ils n'auraient pas dû sortir.

Le général Prim a peut-être cru que les hommes qui occupent le pouvoir sont capables de consolider ce gouvernement, et que les bouleversements sociaux de ce pays sont les mêmes qui ont agité les autres peuples. Mais le temps, l'expérience, la connaissance profonde de ces causes, devront facilement détruire son erreur.

Ni ceux qui commandent aujourd'hui, ni ceux qui font la guerre, ne sont capables de rien consolider. Si l'on doit attendre dans l'expectative pour connaître ceux des guerroyeurs qui comptent le plus d'élément de force et d'opinion, de nombreuses années dans cette expectative, ne suffiront pas pour voir se terminer ces incessantes luttes intestines, toujours renaissantes et toujours cruelles.

. . . .

Si le général Prim n'ignore rien de tout cela et qu'il n'y a rien d'utilement possible avec les hommes de ce pays, comment se fait-il qu'il soit demeuré si longtemps dans l'inaction ?

On explique ici cette inaction de différentes manières, et peut-être va-t-on jusqu'au delà de la vérité.

Quelques-uns, commentant ses actes et ses ovations, pensent qu'il a voulu se rendre populaire en faisant excès d'amabilité au pouvoir.

D'autres, analysant les articles d'*el Eco de Europa*, journal qui se publie au camp pour l'armée, rédigé avec élégance et en tout dévoué au général Prim, ceux-là croient y voir le désir de se créer une atmosphère à lui et d'accoutumer les auditeurs à sa pensée.

Tout cela, joint à tout le reste, fait supposer à plusieurs que certaines opérations personnelles sont le mobile de tout ce manége. On trouvera dans le numéro 19 dudit *Eco de Europa*, un article destiné à combattre la candidature du prince Maximilien, dans lequel perce une pensée unique qui confirme toutes nos suspicions.

Après avoir examiné quelle est la forme de gouvernement qui convient le mieux au Mexique, il se prononce pour la forme monarchique. Il examine si le pays renferme les éléments qui sont propres à cette forme de gouvernement. Il ne les rencontre pas; mais admettons, dit-il, pour un moment, que le pays renferme les éléments monarchiques, il ne croit pas convenable le choix du prince allemand, et énonce *qu'il n'est pas nécessaire d'appartenir au sang royal pour être monarque*. Et l'on ajoute que déjà, dans des articles précédents, on a développé les qualités éminentes du général Prim, et que dans le moyen âge, Prim aurait certainement donné naissance *à une dynastie*.

L'opposition de Prim à une monarchie avec un prince autrichien est, on le sait, une chose avouée.

L'inaction prolongée de Prim a été motivée par ce que

lui ont dit quelques personnes sans doute lui voulant du bien. Ils lui ont fait croire qu'il allait être proclamé comme le sauveur du Mexique, qu'il n'avait qu'à attendre l'arme au bras, en se montrant aimable et bienveillant, que c'était tout ce qu'il avait à faire pour s'opposer aux plans de l'Empereur Napoléon.

. . . .

Dès le moment où ces suspicions ont eu pris racine, les Espagnols patriotes et enthousiastes, désireux de fraterniser avec leurs frères soldats, ont manifesté leur froideur et leur crainte envers notre plénipotentiaire ; ils n'ont pas voulu s'associer à ce patriotisme personnel par la plus insignifiante démonstration, craignant, à chaque instant, de voir arriver le jour où ils se verraient forcés de se mettre en opposition directe avec notre général.

La divergence d'opinion entre le plénipotentiaire français et le nôtre peut être cause de conflits nombreux ; elle peut annuler les résultats de l'intervention. Toujours est-il que le gouvernement mexicain saura admirablement bien utiliser à son profit ce désaccord des alliés.

. . . .

« Mexico, le 22 mai 1862.

« Si nous devions nous laisser aller à l'abattement général, produit par la fin tragique de l'intervention espagnole, nous ne devrions plus nous occuper de cette triste question ; mais nous conservons la conviction entière, que notre nation d'Espagne ne peut en aucune façon abandonner, ni perdre de vue, les événements espagnols, dans les pays qui lui ont jadis appartenu, et dans lesquels l'Espagne conserve d'immenses intérêts matériels et moraux qu'il lui faut protéger.

La période d'abattement, d'immoralité, de bouleversement et de rivalités acerbes ; la période de mécontentement, de discorde, de désolation et d'appauvrissement dans laquelle se trouve ce peuple mexicain, montre avec clarté la nécessité impérieuse d'une intervention providentielle, capable de consolider l'ordre et d'amener une régénération générale. L'Espagne ne peut ni ne doit rengaîner son épée avec une indifférence coupable ; car tôt ou tard elle devrait recevoir son châtiment mérité. Chaque fois que les peuples arrivent à un état de dissolution comme celui dans lequel s'anéantit le Mexique, il surgit quelqu'un qui intervient ; or, cet intervenant ou ce conquérant peut devenir un terrible danger pour l'Espagne.

D'où résulte la nécessité impérieuse pour elle, de ne pas se laisser enlever l'influence qu'elle doit conserver dans ce pays. Elle doit suivre pas à pas la marche des événements, afin d'y prendre part, toutes les fois que son intérêt le réclame, comme pour le bien de ces malheureux pays appelés Républiques.

La position de Prim était certes si avantageuse, qu'avec la plus grande facilité il lui était facile de dominer tous les obstacles, et sans aucun doute il eût ainsi acquis une célébrité solide, bien qu'elle eût été plus humanitaire que dans les camps africains. Les événements que nous devons signaler doivent démontrer combien grandes furent son obstination et son erreur en suivant la voie qu'il a parcouru pour perdre celle, qui, si belle et si brillante, était toute tracée devant lui.

Il était de toute impossibilité que l'expédition espagnole donnât de bons résultats ; car au lieu d'examiner l'origine des maux qu'il avait à combattre, au lieu d'en voir les causes premières dans ces hommes corrompus et corrupteurs, qui se sont succédé dans les divers gouvernements depuis l'indépendance, à de rares exceptions, et qui sont les auteurs de la corruption générale ; au lieu d'annihiler de semblables hommes et de les remplacer par des hommes nouveaux, imbus de saines idées et capables de réformes judicieuses, solides ; au lieu de moraliser le peuple, au lieu de se servir de la force morale et matérielle de l'Europe pour s'opposer au débordement ; au lieu de moraliser tout par l'exemple du pouvoir et de ceux qui avaient l'espoir de lui venir en aide, notre général, ainsi que ceux qui l'accompagnèrent, n'ont eu, paraît-il, d'autre but, d'autre mission, que de protéger, que d'aider Juarez et consorts.

Il y a des hommes malheureux dans leurs entreprises, et certes, le général Prim est un de ceux-là, d'abord par *ses antécédents dans la question du Mexique*, et dans aucun autre pays que l'Espagne, où ceux qui gouvernent l'amoindrissent de plus en plus par leurs bassesses ; dans un autre pays, Prim n'aurait eu l'emploi de général de cette expédition et avec des pouvoirs aussi vastes.

Quels résultats pouvait offrir une expédition dans laquelle les hommes les plus influents firent preuve, dès le principe, d'un manque de tact pour la mission qui leur était confiée?

Le général, d'après les journaux publiés au camp, n'a eu d'autre but que de déprécier tout ce qu'il touchait, tout ce qu'il voyait, et de demeurer sourd à la clameur générale, écho de la population mexicaine la plus sensée, qui appelait l'Espagne au secours de ses infortunes.

Le silence forcé de l'élite de la nation était traduit en

adhésion à l'abominable ordre de choses existant. On qualifia bientôt des plus injurieuses insultes, la réserve prudente et la circonspection des Espagnols.

Cependant leur tact et leur jugement ne tardèrent pas à leur faire connaître combien peu ils pouvaient espérer de notre général. Leur sage attente fut qualifiée de crime.

. . . .

Que pourra répondre notre général quand on lui demandera : Où avez-vous été? qu'avez-vous fait? qu'avez-vous obtenu en soulagement de nos justes réclamations? quel fruit l'Espagne a-t-elle retiré de cette expédition? avec quoi ont été satisfaits nos préjudices, et de quelle manière avez-vous obtenu des garanties qui mettent nos compatriotes à couvert pour l'avenir? L'Angleterre, au moins, a fait un traité à sa convenance ; elle a obtenu ce qu'elle a demandé ; mais nous, qu'avons-nous obtenu?

. . . .

Il faut au Mexique, pour y réaliser les vues de l'Europe, consolider quelque chose, il faut s'appuyer sur les éléments du pays et faire servir à le consolider les mêmes appuis qui se sont disputé le pouvoir.

Il faut étouffer toutes ces ambitions personnelles, et c'est moins difficile qu'on ne croit. Il faut remplacer ce dégoûtant *caciquisme* par un parti de nouvelle formation qui représente l'intelligence, la probité et le capital. L'appui matériel et moral des alliés est tout ce qu'il faut pour consolider ce parti Chacun est fatigué de l'anarchie dissolvante et de ces essais multiples de forme de pouvoir, sans bons résultats depuis quarante-un ans. Tout le monde aspire à une forme stable de gouvernement.

. . . .

El Eco del Pais.

Le général Prim a disculpé hier son séjour forcé à Vera-Cruz, en accusant le manque de vivres et de moyens de transports.

Adresse-t-il cette accusation au gouvernement ou au capitaine-général gouverneur de Cuba ? D'après nous, ce qui est constant, c'est que le duc de la Torre a fourni à l'expédition tous les secours que lui a demandés le général en chef. Quand l'armée est partie de la Havane, elle partait si parfaitement pourvue de munitions, que l'on calculait qu'elle pouvait aller jusqu'à Mexico sans avoir nullement besoin des ressources du pays. Mais quand il n'en eût pas été ainsi, à supposer même qu'en attendant à Vera-Cruz l'arrivée du général Prim, notre armée eût consommé ses provisions de voyage, pourquoi, au lieu de marcher avec tant de vitesse vers Vera-Cruz, pourquoi le comte de Reus n'attendit-il pas à la Havane d'avoir réuni tout ce qui était nécessaire pour son armée ?

Tel n'est-il pas le devoir d'un général en chef ? Méconnaissait-il donc l'état de l'expédition, et pourquoi s'en alla-t-il, à l'aventure peut-être, à la Vera-Cruz ? Certes, les troupes ne doutaient nullement de leur général en chef, celui qui les avait conduits jusque-là était capable de les maintenir dans l'ordre et la discipline, et même de leur faire supporter mille privations.. Si le général Prim est parti de la Havane sans connaître l'état de l'administration militaire de son armée, ou si, la connaissant, il n'a pas su prendre le remède à l'endroit où il était, c'est, certes, sa faute, car il est démontré qu'on lui a accordé tous les secours qu'il a demandés.

El Pueblo.

Prim, qui est allé au Mexique à la tête d'une armée nombreuse (et cela a été dit par le gouvernement lui-même, c'est que non-seulement la nation, mais encore le gouvernement, avaient là quelque chose d'important à faire), Prim, disons-nous, monte à la tribune, et, faisant abstraction de ce qu'a pu dire un ministre de l'Empereur, il se déclare contraire à tout ce qu'a annoncé le gouvernement jusqu'à ce jour, à tout ce qu'ont dit Pacheco, Rios Rosas et autres. Il affirme « que, dans le Mexique, il n'y a point de parti espagnol; que, dans le « Mexique, il existe un parti libéral parfaitement bien « constitué, qui est celui de Juarez ; que, dans le Mexique, nous n'avons reçu aucune offense réclamant la « moindre réparation, et que, par conséquent, c'est une « criminelle folie que de vouloir s'immiscer dans les « affaires intérieures de ce pays. » Pourquoi êtes-vous donc allé là, Prim ? Tout homme jouissant d'un gros bon sens pourra le dire : Voir si ce que les étrangers et les Mexicains eux-mêmes disaient contre ce malheureux pays était vrai ou nom? Vous n'y êtes point allé pour cela? Pourtant, de vos assertions on ne peut tirer une autre conséquence, d'après les règles de la plus simple logique.

Nous célébrons de tout cœur le retour de Prim par la simple raison que nous réprouvons son départ; car il est certain que Prim s'est retiré parce que *cela lui a plu ainsi*, et qu'il est aussi coupable d'être allé au Mexique que le gouvernement de l'y avoir envoyé.

Le général Prim peut dire en parodiant César : *Je suis allé, j'ai vu et je... m'en suis retourné..*

Il n'y a que cette différence, c'est que César jouit de son triomphe et que Prim n'a fait que grever la nation d'une somme de 90 millions et laisser enterrés, dans le sol conquis par Fernand Cortès, quelques centaines de vaillants défenseurs espagnols, parmi lesquels le jeune Lorite y Savater, honteusement et traîtreusement assassiné. »

Observation del Diario Espanol.

Le général Prim va être forcé de ressusciter *El Eco de Europa* s'il veut trouver quelqu'un pour le défendre.

Paris — Imp. de L. Tinterlin, 3, rue Neuve-des-Bons-Enfants. 3.

www.ingramcontent.com/pod-product-compliance
Ingram Content Group UK Ltd.
Pitfield, Milton Keynes, MK11 3LW, UK
UKHW020139200726
13856UKWH00003B/766